O Gestor Eficaz

O GEN | Grupo Editorial Nacional – maior plataforma editorial brasileira no segmento científico, técnico e profissional – publica conteúdos nas áreas de ciências sociais aplicadas, exatas, humanas, jurídicas e da saúde, além de prover serviços direcionados à educação continuada e à preparação para concursos.

As editoras que integram o GEN, das mais respeitadas no mercado editorial, construíram catálogos inigualáveis, com obras decisivas para a formação acadêmica e o aperfeiçoamento de várias gerações de profissionais e estudantes, tendo se tornado sinônimo de qualidade e seriedade.

A missão do GEN e dos núcleos de conteúdo que o compõem é prover a melhor informação científica e distribuí-la de maneira flexível e conveniente, a preços justos, gerando benefícios e servindo a autores, docentes, livreiros, funcionários, colaboradores e acionistas.

Nosso comportamento ético incondicional e nossa responsabilidade social e ambiental são reforçados pela natureza educacional de nossa atividade e dão sustentabilidade ao crescimento contínuo e à rentabilidade do grupo.

Peter Drucker
O Gestor Eficaz

Tradução
Jorge Fortes

Revisão técnica
Sandra R. H. Mariano, D. Sc.
Joysi Moraes, D. Sc.
Professoras da
Universidade Federal Fluminense (UFF)

Copyright

A editora empenhou seus melhores esforços para citar adequadamente e dar o devido crédito a todos os detentores de direitos autorais de qualquer material utilizado neste livro, dispondo-se a possíveis acertos posteriores caso, inadvertida e involuntariamente, a identificação de algum deles tenha sido omitida.

Reservados todos os direitos. É proibida a duplicação ou reprodução deste volume, no todo ou em parte, em quaisquer formas ou por quaisquer meios (eletrônico, mecânico, gravação, fotocópia, distribuição pela Internet ou outros), sem permissão, por escrito, da LTC Editora.

Traduzido de
THE EFFECTIVE EXECUTIVE, FIRST EDITION
Copyright © 1966, 1967 by Peter F. Drucker
"Published by arrangement with Harper Business, an imprint of Harper Collins Publishers."
All Rights Reserved.
ASIN B004S7VQNQ

Atendimento ao cliente: (11) 5080-0751 | faleconosco@grupogen.com.br

Direitos exclusivos para a língua portuguesa
Copyright © 1990, 2025 (22ª impressão) by
LTC | Livros Técnicos e Científicos Editora Ltda.
Uma editora integrante do GEN | Grupo Editorial Nacional
Travessa do Ouvidor, 11
Rio de Janeiro – RJ – 20040-040
www.grupogen.com.br

D857g

Drucker, Peter Ferdinand, 1909-2005

O gestor eficaz / Peter F. Drucker ; tradução de Jorge Fortes ; revisão técnica Sandra R. H. Mariano, Joysi Moraes. - [22. Reimpr.]. - Rio de Janeiro : LTC, 2025.

238p.

Tradução de: The effective executive

ISBN 978-85-216-1112-7

1. Gerentes. 2. Processo decisório. 3. Administração de empresas. I. Título.

11-2872.   CDD: 658.403
                                        CDU: 005.53

Prefácio à Edição Americana Revisada e Ampliada

Quando o foco são as pessoas, os livros de Administração dedicam-se a discutir a gestão de terceiros. Já esta obra, em contrapartida, tem como propósito a gestão de si mesmo, com vistas à eficácia.

A ideia de que qualquer um pode, necessariamente, gerenciar outra pessoa nunca foi comprovada. Entretanto, não há dúvida de que *sempre* é possível gerenciar a si mesmo. De fato, os gestores que não conseguem praticar a autogestão e preparar-se para a eficácia não podem esperar que seus colaboradores sejam eficazes. Afinal, *gestão* é, em grande parte, exercida por meio de exemplos, e os gestores que não sabem como se tornar eficazes nas suas próprias atividades tornam-se um modelo errado.

Para uma pessoa ser razoavelmente eficaz, não é suficiente que ela conte com um bom cabedal de conhecimentos, seja inteligente e trabalhe duro. A eficácia é algo à parte, diferente. Pode não parecer, mas ser eficaz não requer dons especiais. A eficácia que se espera de um gestor significa apenas que ele *execute* algumas ações – e todas bastante simples.

A eficácia é constituída por poucos hábitos e práticas que são apresentados e discutidos neste livro. Estas práticas, contudo, não são inatas. Em 45 anos como consultor, trabalhei com muitos gestores, em diversas organizações de pequeno e grande porte – agências governamentais, sindicatos, hospitais, universidades e serviços comunitários de vários países –, sem jamais encontrar um único que tenha nascido eficaz. Todos os que se mostraram eficazes aprenderam a sê-lo e, sem exceção, tiveram de praticar a eficácia até que ela se tornasse um hábito. A boa notícia é que todos os que trabalharam para se tornar eficazes alcançaram o objetivo. Eficácia, portanto, pode ser aprendida; mais do que isso: *a eficácia tem de ser aprendida*.

Afinal, os executivos são pagos para serem eficazes – independentemente se são profissionais liberais ou responsáveis pelo desempenho de outros em uma grande empresa. Sem efetividade, não há êxito, não importa quantas horas o gestor trabalhe, quão inteligente seja ou quanto conhecimento detenha.

Apesar de não haver dúvidas quanto à importância da eficácia na competitividade, não é tão surpreendente perceber que pouca atenção tem sido conferida à indispensável qualidade de ser eficaz. Isso pode ser explicado pelo fato de que as organizações – sejam empresas privadas, agências governamentais, sindicatos, hospitais de grande porte ou universidades – representam, relativamente, uma novidade. Há um século, quase ninguém tinha contato direto com as organizações, fosse trabalhando para elas ou prestando-lhes serviços. Portanto, até recentemente, havia pouca razão para que alguém prestasse atenção à eficácia de um gestor ou da empresa na qual ele trabalhava. Na atualidade, porém, a maioria das pessoas espera passar toda a vida trabalhando em algum tipo de organização, e algumas sabem que, para isso, precisam ser eficazes.

Em todos os países desenvolvidos, a sociedade tornou-se uma sociedade de organizações. A eficácia da sociedade moderna, bem como sua capacidade de fazer as coisas acontecerem da maneira certa – talvez até mesmo de sobreviver – dependem, progressivamente, da eficácia dos gestores das organizações.

O gestor eficaz está se tornando, rapidamente, um recurso fundamental para a sociedade. Portanto, a prática da gestão eficaz é o principal requisito profissional esperado tanto para os jovens em início de carreira quanto para os que já estão há mais tempo.

Prefácio à Edição Original

A primeira vez em que me interessei por gestão eficaz foi no início da Segunda Grande Guerra. Alguns dos homens recrutados para as repartições do governo durante a guerra, em Washington —, vindos de empregos civis no comércio, em universidades, ou profissionais liberais — tiveram sucesso aparentemente fácil como administradores. Outros, possivelmente não menos capazes ou com experiência semelhante, foram verdadeiros fracassos. Ninguém podia explicar por que isso acontecia. Nem se sabia o que fazer para solucionar o problema. Desde então, preocupei-me com o tema do gestor eficaz e observei os gestores que tive oportunidade de encontrar, esperando aprender com eles o que dá origem à eficácia em gerência.

Apenas muitos anos mais tarde, reuni minhas observações. Em 1959 ou 1960, um velho amigo, Thomas D. Morris (então diretor adjunto do orçamento e, desde 1961, um secretário adjunto de defesa altamente eficaz), convidou-me para falar sobre eficácia para um grupo de altos funcionários do governo federal. Aceitei com relutância. O que eu podia dizer sobre o assunto parecia-me óbvio, ou mesmo trivial. Para minha surpresa, contudo, meus comentários aparentemente óbvios foram recebidos pelo auditório de altos chefes como temas recém-descobertos. Até hoje, ainda recebo frequentes pedidos de cópias do texto da conferência.

Desde então, tenho tentado estudar sistematicamente o que os gestores eficazes fazem e que os outros (inclusive eu) não fazem, e o que eles não fazem e que nós tendemos a fazer. Este livro é resultado das minhas observações. O mais importante que tenho a declarar é ter descoberto que a eficácia *pode* ser aprendida – e, também, que *deve* ser aprendida. A eficácia não vem por si mesma; é uma prática que deve ser adquirida. Meu objetivo, a partir deste livro, é apresentar, de modo simples, os elementos dessa prática.

Este livro é a "primeira palavra" no assunto. Pelo menos, não fui capaz de encontrar, em uma busca literária bastante extensa, nenhuma outra obra sobre gestor eficaz. Contudo, almejo sinceramente que esta não seja a "última palavra". Precisamos de todo o conhecimento que pudermos obter sobre eficácia em gerência. Disso dependerão as instituições da nossa sociedade – as instituições governamentais, tanto quanto as empresas comerciais, os laboratórios de pesquisa, as grandes universidades, as forças armadas, os hospitais modernos. Dos gestores eficazes depende, portanto, nosso bem-estar individual, quando não seja, em última instância, nossa sobrevivência. Todavia, embora seja possível aprender a ser eficaz, os gestores eficazes estão longe de ser comuns. Minha esperança é que este livro faça que homens capazes em trabalhos de chefia queiram tornar-se plenamente eficazes.

Peter F. Drucker
Montclair, New Jersey

Prefácio à Edição Brasileira

A ESTREITA E CARINHOSA RELAÇÃO DE PETER DRUCKER COM A HSM VEM DE LONGA DATA: COMEÇOU EM 1991 E PERDURA ATÉ HOJE, MESMO APÓS SEIS ANOS DE SEU FALECIMENTO.

É MUITO SIGNIFICATIVO PARA NÓS — EM ESPECIAL PARA JOSÉ SALIBI NETO — QUE A ÚLTIMA APARIÇÃO PÚBLICA DE PETER DRUCKER TENHA OCORRIDO EM UM EVENTO DA HSM, NOS EUA. SEMPRE QUE ASSISTIMOS AO FILME DAQUELE ENCONTRO NOS EMOCIONAMOS. PETER CHEGOU EM CADEIRA DE RODAS, POSTOU-SE AO LADO DE JACK WELCH E FEZ MUITOS ELOGIOS À HSM E A SALIBI; PARA NOSSA TRISTEZA, DRUCKER PARTIU POUCOS MESES DEPOIS.

Aquele seminário tornou-se um símbolo do significado de Peter Ferdinand Drucker para a HSM. No prefácio à edição brasileira do livro *O Gerente Eficaz em Ação,* que será republicado em breve como *O Gestor Eficaz em Ação,* Salibi comenta que Drucker jamais deixa de surpreendê-lo – no caso desse livro, publicado um ano após sua morte, ele ressurge nas páginas como uma fênix.

Nossa admiração por Drucker vai muito além da questão pessoal. Para nós, no âmbito da ciência da Administração, não há um pensador tão especial como ele nem teorias que se comparem às suas ideias imortais. Criticado por pouquíssimos e idolatrado por muitos, ele continua vivo em seus quase 40 livros, e muitos de seus conceitos e previsões são reforçados e confirmados nos de outros autores e acadêmicos. Na HSM Educação, por meio da parceria com o Drucker Institute, utilizamos o Drucker Curriculum – que é fortemente influenciado por *O Gerente Eficaz*, agora denominado *O Gestor Eficaz* – como uma das bases para nossos professores e nossos cursos de educação executiva.

Estamos convictos de que jamais esta obra foi tão atual e necessária, especialmente em nosso país. Para ter êxito no desafio de ser o país do futuro, o Brasil precisa de mais líderes, de melhores gestores e de mais reflexão sobre soluções eficazes para as organizações.

Drucker era entusiasta e consultor voluntário de organizações sem fins lucrativos. Ele dizia, sempre, que a pessoa que mais admirava na área dos negócios era Frances Hesselbein, gestora de uma dessas organizações. Há algo mais atual que dirigir organizações complexas, colaborativas, com parcerias e trabalho em rede? Existe pensamento mais contemporâneo que compreender que gerenciar com base em visões e objetivos significa buscar alcançá-los *com* pessoas e *por intermédio* delas?

O Gestor Eficaz ensina que a eficácia pode ser aprendida, e o faz com a simplicidade que apenas pessoas como Drucker têm: tudo nos é ensinado em cinco aspectos elementares, que muitas vezes são esquecidos:

- gestores eficazes definem como usar e como não usar seu tempo
- gestores eficazes escolhem sua contribuição efetiva para a organização e estimulam seus colaboradores a fazer o mesmo
- gestores eficazes designam atividades para seus colaboradores com base em seus pontos fortes
- gestores eficazes estabelecem prioridades de longo prazo
- gestores eficazes levam em conta diversos pontos de vista e realizam escolhas com base nessas opiniões.

Drucker está vivo e mais presente do que nunca! A louvável iniciativa do GEN | Grupo Editorial Nacional – por intermédio de Aluisio Affonso, um dos seus editores – de publicar esta bela reedição revisada e atualizada de *O Gestor Eficaz* é muito oportuna. Neste ano, 2011, Doris Drucker completa cem anos de idade, mais ativa que nunca, trabalhando, junto com o Drucker Institute, para perpetuar a obra de seu marido. É uma honra, portanto, poder escrever algumas linhas sobre um texto tão significativo para a gestão das organizações e para nós da HSM Educação.

José Salibi Neto *e* Fernando A. Ribeiro Serra

HSM Educação

Sumário

Introdução, 1
- Como obter os dados necessários, 2
- Como escrever um plano de ação, 5
- Ação, 6
- Como tornar produtivas as reuniões, 11
- Pense e diga "nós", 13

1 Eficácia Pode Ser Aprendida, 15
- Por que precisamos de gestores eficazes, 16
- Quem é o gestor?, 20
- Realidades do gestor, 25
- A promessa da eficácia, 34
- A eficácia pode ser aprendida?, 37

2 Ele Conhece o Seu Tempo, 41

- As demandas do tempo do gestor, 44
- Diagnóstico do tempo, 52
- Cortar as causas de perda de tempo, 59
- Consolidação do tempo discricionário, 66

3 Com que Posso Contribuir?, 73

- O próprio aprisionamento do gestor, 75
- Como tornar eficaz o especialista, 82
- As relações humanas corretas, 85
- A reunião eficaz, 91

4 Como Tornar Produtiva a Força, 93

- Como organizar para fortalecer, 94
- Como é que administro meu chefe?, 116
- Tornar a si mesmo eficaz, 119

5 Primeiro as Primeiras Coisas, 125

- Esquecer o passado, 129
- Prioridades e posterioridades, 134

6 Elementos da Tomada de Decisão, 141

- Dois casos acerca de tomada de decisão, 142
- Os elementos do processo para decisão, 151

7 Decisões Eficazes, 173

- A tomada de decisão e o computador, 189

Conclusão: A Eficácia Deve Ser Aprendida, 197

Índice Alfabético, 207

Introdução

- Como obter os dados necessários, 2
- Como escrever um plano de ação, 5
- Ação, 6
- Como tornar produtivas as reuniões, 11
- Pense e diga "nós", 13

O que torna eficaz um gestor? Um gestor eficaz *não* precisa ser um líder no sentido que este termo costuma ser empregado. Harry Truman não tinha nenhum carisma, mas foi um dos CEO mais eficazes da história dos EUA. Da mesma maneira, alguns dos melhores CEO com que trabalhei durante minha carreira de consultor (65 anos!) não eram estereótipos de líderes. Esses executivos apresentavam diferenças incríveis de personalidades, atitudes, valores, pontos fortes e pontos fracos. Eles variavam de extrovertidos a extremamente introvertidos, de descontraídos a controladores, de generosos a mesquinhos.

Eles eram eficazes porque seguiam as mesmas oito práticas (ou habilidades):

- Eles perguntavam: "O que precisa ser feito?"
- Eles perguntavam: "O que é correto para a empresa?"
- Eles elaboravam planos de ação
- Eles se responsabilizavam por suas decisões
- Eles se responsabilizavam pela comunicação
- Eles se concentravam nas oportunidades, e não nos problemas
- Eles conduziam reuniões produtivas
- Eles pensavam e diziam "nós" em vez de "eu".

As duas primeiras práticas obtinham os dados de que eles precisavam, enquanto as quatro práticas seguintes convertiam esse conhecimento em ação efetiva. As duas últimas práticas garantiam que todos na empresa se sentissem responsáveis e comprometidos.

■ Como obter os dados necessários

A primeira prática consiste em perguntar o que precisa ser realizado. Observe que a primeira pergunta não é o que desejo fazer. O questionamento do que precisa ser feito e levar muito a sério a resposta é crucial para o gerenciamento bem-sucedido.

Quando Truman se tornou presidente, em 1945, ele sabia exatamente o que desejava fazer: completar as reformas econômicas e sociais do projeto New Deal do presidente Roosevelt, que tinham sido postergadas pela Segunda Guerra Mundial. Todavia, ele percebeu que a verdadeira necessidade do país consistia em criar boas relações internacionais. Ele organizou seus horários de modo que seu dia de trabalho começava com aulas sobre política externa ministradas por secretários de estado e defesa. Truman se tornou o presidente dos Estados Unidos mais eficaz em política externa. Ele conteve o avanço do comunismo na Europa e na Ásia e, graças ao Plano Marshall, deflagrou 50 anos de crescimento econômico em todo o planeta.

Da mesma maneira, Jack Welch percebeu, ao assumir o comando da General Electric, que o que precisava ser feito não era a expansão para outros países que ele desejava empreender; o mais importante era a eliminação de negócios da GE que, embora lucrativos, não eram prioridades.

A resposta à pergunta: "O que precisa ser feito?" quase sempre implica em mais de uma tarefa urgente. Não obstante, os gestors eficazes conseguem se concentrar em uma tarefa se isso for verdadeiramente necessário. Se eles pertencerem àquela minoria que consegue desempenhar bem duas tarefas, eles o fazem. Nunca encontrei um gestor que conseguisse se manter eficaz durante o desempenho de mais de duas tarefas por vez. Assim sendo, após se perguntar o que precisa ser feito, o gestor eficaz estabelece prioridades e se atém a elas. Para um CEO, a tarefa prioritária pode implicar em redefinir a missão da companhia. Para um gestor de uma filial, a tarefa prioritária poderia ser a redefinição da relação com a sede. Outras tarefas – não importa quão importantes ou atrativas – são adiadas. Após realizar a tarefa prioritária inicial, o gestor reajusta as prioridades em vez de passar para a segunda meta da lista original. Ele se pergunta: "O que precisa ser feito agora?". Este questionamento geralmente resulta em prioridades totalmente diferentes.

Mencionando mais uma vez o CEO norte-americano mais famoso: a cada cinco anos, Jack Welch, segundo sua autobiografia, perguntava-se: "O que precisa ser feito *agora*?". E, a cada vez, ele descobria uma prioridade nova e diferente.

Welch também abordava outra questão antes de tomar a decisão de em que concentrar seus esforços nos cinco anos seguintes. Ele se questionava sobre quais das duas a três tarefas no topo de sua lista ele estava mais capacitado a desempenhar. Em seguida, ele se concentrava nessa tarefa, e as outras ele delegava. Os executivos eficazes tentam focalizar naquilo que fazem melhor. Ele sabia que as empresas apresentavam seu melhor desempenho se seus gestores focalizavam sua atuação naquilo que faziam melhor.

A segunda prática dos gestores eficazes – tão importante quanto à primeira – consiste em: "O que é correto para a empresa?". Eles não se questionam sobre o que é melhor para os proprietários, para a cotação das ações, para os empregados ou para os executivos. Obviamente, eles sabem que os acionistas, os empregados e os executivos são importantes para a tomada de decisões, ou pelo menos para concordar com as mesmas. Os gestores eficazes também sabem que o retorno monetário é importante não apenas para os acionistas, mas também para a empresa. Todavia, os gestores eficazes têm a consciência de que, se a decisão não for, em última instância, coerente com a filosofia da empresa, ela não será boa para as partes interessadas.

Esta segunda prática é especialmente importante para os gestores que atuam em empresas familiares – a maioria das atividades comerciais em todos os países –, sobretudo quando eles precisam tomar decisões. Nas empresas familiares bem-sucedidas, um parente só é promovido se for comprovadamente superior a todos os não parentes que se encontram no mesmo nível operacional. Na DuPont, por exemplo, todos os gestores (com exceção do *controller* financeiro e do setor jurídico) eram parentes quando o cunho da empresa era familiar. Todos os descendentes do sexo masculino dos fundadores eram admitidos na empresa. Depois, o familiar era promovido se um painel constituído basicamente por gestores que não fossem parentes julgasse que ele (ou ela) apresentava capacidade e desempenho superior a dos empregados do mesmo nível. A mesma regra foi aplicada por um século na empresa familiar britânica, extremamente bem-sucedida, J. Lyons & Company (que atualmente faz parte de um conglomerado importante) quando dominava as indústrias hoteleiras e de alimentos.

O fato de se questionar a respeito do que é melhor para a empresa não garante que a decisão correta será tomada. Mesmo o executivo mais brilhante é um ser humano e propenso a erros e preconceitos.

Como escrever um plano de ação

Os executivos adoram trabalhar. O conhecimento é inútil para os profissionais, mesmo que possa ser transformado em ação. Antes de tudo, é necessário um plano de ação. O gestor precisa pensar nos resultados desejados, nas prováveis restrições, nas futuras revisões, nos pontos de controle e nas implicações de como ele administrará seu tempo.

Em primeiro lugar, o gestor define os resultados desejados, ou seja, "Quais contribuições a empresa espera de mim durante os próximos 18 a 24 meses? Estou empenhado em alcançar quais resultados? Quais são os prazos?". Em seguida, ele deve levar em conta as restrições: "Este curso de ação é ético? É aceitável dentro da empresa? É legal? É compatível com a missão, os valores e a política da empresa?". Respostas positivas não garantem que a ação será eficaz, mas a violação dessas ressalvas tornará o plano errado e ineficaz.

O plano de ação é uma declaração de intenções em vez de um compromisso. O plano de ação não deve, em hipótese alguma, ser transformado em uma camisa de força. O mesmo se aplica a cada fracasso e as modificações no ambiente de negócios, no mercado e, sobretudo, nas pessoas da empresa. Todas essas alterações devem levar a revisão do plano de ação. Flexibilidade é essencial.

Além disso, é preciso criar pontos de controle dos resultados em comparação com as expectativas. Os gestores eficazes geralmente criam dois pontos de controle em seus planos de ação. O primeiro é aproximadamente aos nove meses, ou seja, no ponto médio da duração do plano. O segundo ponto é ao final, perto do término do plano, antes de traçar o próximo plano de ação.

Por fim, o plano de ação precisa se tornar a base do gerenciamento do tempo do gestor. O tempo é o recurso mais precioso e escasso do gestor, e as organizações – sejam elas agências governamentais, empresas ou organizações sem fins lucrativos – são notórias desperdiçadoras de tempo. O plano de ação será inútil a menos que contemple como o gestor despenderá seu tempo.

Napoleão dizia que nenhuma batalha bem-sucedida tinha seguido um plano preestabelecido; ainda assim, ele planejava todas as suas batalhas, muito mais detalhadamente do que qualquer outro general. Sem um plano de ação, o gestor se torna refém dos acontecimentos; e, sem pontos de controle, que permitem a reavaliação dos eventos, o gestor não tem como saber quais são os eventos importantes e quais são apenas um "ruído".

■ Ação

Quando os gestores traduzem o plano em ação, precisam dar atenção, sobretudo, à tomada de decisão, à comunicação, às oportunidades (em oposição aos problemas) e às reuniões. Tratarei de cada um desses elementos por vez.

Assuma a responsabilidade por suas decisões

A decisão não terá sido tomada até que as pessoas conheçam:

- o nome da pessoa responsável pela ação
- o prazo
- os nomes das pessoas que serão afetadas pela decisão e que, portanto, precisam conhecer, compreender e aprovar (ou pelo menos não se opor veementemente)
- os nomes das pessoas que precisam ser informadas sobre a decisão, mesmo se não forem diretamente afetadas por ela.

Uma quantidade extraordinária de decisões organizacionais apresenta problemas porque essas bases não foram levadas em conta. Um dos meus clientes, há 30 anos, perdeu sua posição de liderança no mercado japonês porque a empresa, depois de decidir entrar em uma *joint venture* com um novo parceiro japonês, nunca especificou quem era responsável pela comunicação de que o parceiro definia suas especificações no sistema decimal (metros e quilogramas) em vez de pés e libras, e ninguém repassou essa informação.

É tão importante revisar periodicamente as decisões – nos momentos já mencionados – quanto a tomada das mesmas pela primeira vez. Desta maneira, uma decisão ruim pode ser corrigida antes que cause danos reais. Essas revisões podem abordar desde os resultados até as bases dessas decisões.

Essa revisão é especialmente importante para as mais cruciais e difíceis de todas as decisões, ou seja, a contratação ou a promoção de pessoas. Os estudos mostram que apenas um terço dessas decisões é bem-sucedido. Um terço não é nem um sucesso flagrante nem um fracasso estrondoso. E um terço consiste em fracassos, pura e simplesmente. Os gestores eficazes conhecem esses dados e verificam (seis a nove meses depois) os resultados das decisões de sua equipe. Se descobrirem que uma decisão não apresentou os resultados desejados, eles não concluem que a pessoa não fez o que devia. Eles concluem que cometeram um erro. Em uma empresa bem administrada, existe a compreensão de que as pessoas que fracassam em uma nova função, sobretudo depois de uma promoção, podem não ser culpadas disso.

Os gestores também devem a organização e aos seus colegas de trabalho a não tolerância de pessoas ineficazes em posições importantes. Às vezes, não é culpa do funcionário o fato dele não apresentar o desempenho esperado, mas, ainda assim, ele precisa ser retirado da posição que ocupa. O funcionário deve receber a oportunidade de retornar à posição e ao salário com que contava anteriormente. Essa opção raramente é escolhida. Esses funcionários, como regra geral, costumam se despedir voluntariamente, pelo menos nas empresas norte-americanas. Todavia, a mera existência dessa opção pode exercer um efeito poderoso, encorajando as pessoas a deixarem empregos confortáveis e seguros para assumirem riscos em novas colocações. O desempenho da empresa depende do desejo dos funcionários de correr esses riscos.

Uma revisão sistemática das decisões também é importante para o autodesenvolvimento. A verificação dos resultados de uma decisão em relação às expectativas mostra aos gestores quais são seus pontos fortes, em que precisam melhorar e em que área não têm informações ou conhecimento. Além disso, revela tendenciosidades (vieses). Muitas e muitas vezes, a revisão revela que as decisões não apresentaram os resultados esperados porque o gestor não escolheu as pessoas certas para realizar o trabalho. A alocação das melhores pessoas para as posições corretas é uma tarefa crucial e difícil, que muitos gestores negligenciam, em parte porque as melhores pessoas da equipe já têm muitas atribuições. A revisão sistemática das decisões também revela os pontos fracos dos gestores, principalmente nas áreas nas quais não são competentes. Nessas áreas, os gestores inteligentes não tomam decisões nem ações; eles delegam. Todos os gestores apresentam esta limitação. Não existe um gestor que seja formidável em todas as áreas.

A maioria das tomadas de decisão parte do pressuposto que apenas os gestores seniores tomam decisões ou que apenas as decisões dos gestores seniores são importantes. Este é um erro perigoso. As decisões são tomadas em todos os níveis da empresa, começando com cada colaborador e com os supervisores da linha de frente. Essas decisões aparentemente de nível inferior são extremamente importantes em uma organização com base em conhecimento. As pessoas que lidam com conhecimento precisam, *a priori*, conhecer mais suas áreas de especialização, por exemplo, contabilidade tributária, do que outros funcionários, e suas decisões provavelmente exercerão um impacto em toda a companhia. A tomada de boas decisões é uma habilidade crucial em todos os níveis e precisa ser ensinada explicitamente a todos em organizações com base em conhecimento.

Assuma a responsabilidade pela comunicação

Os gestores eficazes se asseguram de que seus planos de ação e suas necessidades de informação sejam compreendidos. Isso significa, especificamente, que eles compartilham seus planos e pedem comentários de seus colegas – superiores, subordinados e gestores do mesmo nível. Ao mesmo tempo, eles permitem que as pessoas tenham acesso apenas às informações necessárias ao desempenho de suas tarefas. O fluxo de informação do subordinado para o chefe é o que costuma chamar mais a atenção, mas os gestores precisam dar igual atenção às demandas de informação dos seus pares e de seus superiores.

Graças à obra clássica de Chester Barnard *The Functions of the Executive* (1938), todos sabemos que as organizações se mantêm coesas graças à informação, e não à posse ou ao comando. Ainda assim, um grande número de gestores se comporta como se a informação e seu fluxo fossem responsabilidade do especialista em informação; por exemplo, o contador. Como consequência disso, eles obtêm um volume enorme de dados dos quais não precisam nem conseguem usar e pouca informação necessária. A melhor maneira de lidar com esse problema é identificar a informação necessária, solicitá-la e insistir até consegui-la.

Como manter o foco nas oportunidades

Bons gestores mantêm seu foco nas oportunidades, e não nos problemas. Obviamente, é necessário solucionar os problemas, eles não devem ser "varridos para debaixo do tapete". A resolução dos problemas, embora fundamental, não produz resultados. A exploração das oportunidades produz resultados.

Acima de tudo, os gestores eficazes abordam a mudança como uma oportunidade, e não como uma ameaça. Eles encaram sistematicamente as mudanças, tanto as internas como as externas à corporação, e se perguntam: "Como podemos explorar essa mudança e torná-la uma oportunidade para a nossa empresa?". Especificamente, os gestores examinam estas sete situações à procura de oportunidades:

- um sucesso ou um fracasso inesperado em sua empresa, na empresa concorrente ou na indústria
- um hiato entre o que existe e o que poderia existir em um mercado, processo, produto ou serviço (por exemplo, no século 19, a indústria do papel se concentrava nos 10% de cada árvore que se tornava a polpa da madeira e negligenciava por completo as possibilidades dos 90% restantes, que eram desperdiçados)
- inovação em um processo, produto ou serviço, seja dentro ou fora da empresa ou indústria
- modificações na estrutura da indústria e na estrutura do mercado
- dados demográficos
- mudanças na mentalidade, nos valores, na percepção, no humor ou no significado
- novos conhecimentos ou novas tecnologias.

Os gestores eficazes também precisam se assegurar de que os problemas não sobrepujem as oportunidades. Na maioria das companhias, a primeira página dos relatórios mensais enumera os principais problemas. É muito mais interessante arrolar as oportunidades na primeira página e deixar os problemas para a segunda. A menos que ocorra uma hecatombe, os problemas de gestão só devem ser debatidos após a análise e a proposição de aproveitamento das oportunidades.

A alocação dos funcionários é outro aspecto importante do foco nas oportunidades. Os gestores eficazes fazem com que seus melhores funcionários lidem com oportunidades em vez de problemas. Um modo de fazê-lo é pedir que cada membro do grupo de gestão prepare duas listas a cada seis meses – uma lista de oportunidades para toda a empresa e uma lista das pessoas com o melhor desempenho na empresa. Essas listas são debatidas, depois fundidas em duas listas mestras, e as melhores pessoas são compatibilizadas com as melhores oportunidades. No Japão, por exemplo, essa compatibilização é considerada uma importante função do setor de recursos humanos em uma grande corporação ou departamento governamental. Esta prática é um dos pontos fortes cruciais dos executivos japoneses.

COMO TORNAR PRODUTIVAS AS REUNIÕES

Na época da Segunda Guerra Mundial e nos anos que a sucederam, o gestor não governamental mais visível, poderoso e, seguramente, eficaz na América do Norte não era um homem de negócios. O cardeal Spellman, arcebispo de Nova York e conselheiro de vários presidentes, era esse homem. Quando ele assumiu o posto, a Arquidiocese estava falida e totalmente desmoralizada. Seu sucessor herdou a posição de liderança na igreja católica norte-americana. Spellman costumava dizer que, ao longo do dia, ele só ficava sozinho durante dois períodos de 25 minutos: quando ele orava pela manhã em sua capela particular e quando ele rezava a noite antes de dormir. Em todos os outros momentos ele estava cercado por pessoas, começando pelo desjejum com uma congregação católica e ao jantar com outra.

Os gestores não têm um horário tão "apertado" quanto o arcebispo de uma importante diocese católica, contudo, os estudos do dia de trabalho dos executivos mostram que até mesmo os indivíduos em cargos de gestão menos importantes passam mais da metade dos dias úteis em reunião com outros profissionais. As únicas exceções são alguns pesquisadores seniores. Até mesmo o encontro com uma única pessoa constitui uma reunião. Assim sendo, para serem eficazes, os gestores precisam tornar produtivas essas reuniões.

O elemento essencial para uma reunião ser eficaz é decidir previamente o seu tipo. Tipos diferentes de reunião exigem preparativos diferentes, e os resultados não são iguais:

Uma reunião para preparar uma declaração, um comunicado interno ou um comunicado à imprensa. Para ser produtiva, um dos participantes precisa preparar um esboço prévio e, ao final, esta mesma pessoa (ou outra) fica responsável pela divulgação do texto final.

Uma reunião para fazer um comunicado – por exemplo, uma modificação no organograma. Deve ser limitada ao comunicado e à discussão do mesmo.

Uma reunião para apresentação de um relatório. Nada além desse relatório será discutido.

Uma reunião para apresentação de relatórios. Neste tipo de reunião, não há discussão ou esta se limita a esclarecimento de pontos ambíguos. Uma opção é uma breve discussão de cada relatório apresentado na qual todos os participantes podem fazer perguntas. Se este for o formato proposto, cópias dos relatórios devem ser distribuídas para os participantes algum tempo antes da reunião. Neste tipo de reunião, o tempo de apresentação é preestabelecido, por exemplo, 15 minutos.

Uma reunião de chefias. O gestor deve ouvir e fazer perguntas; deve fazer um resumo do que foi apresentado, mas não deve fazer uma apresentação.

Trata-se de uma reunião cujo único propósito é permitir que os participantes fiquem na presença do gestor. As reuniões com o cardeal Spellman, no desjejum e no jantar, eram desse tipo. Era impossível tornar produtivos esses encontros. Trata-se do "ônus da chefia". Os executivos seniores são eficazes na medida em que conseguem evitar que essas reuniões interfiram em seu trabalho. O cardeal Spellman, por exemplo, era eficaz porque restringia esses encontros ao desjejum e ao jantar, e, assim, ficava livre para trabalhar durante o resto do dia.

Tornar uma reunião produtiva demanda muita autodisciplina. Os gestores precisam determinar o tipo apropriado de reunião e obedecer a essa escolha. Além disso, é necessário terminar a reunião assim que for alcançado o objetivo especificado. Bons gestores não trazem outro assunto à baila. Eles fazem uma síntese e encerram a reunião.

O acompanhamento satisfatório é tão importante quanto a reunião. O grão-mestre do acompanhamento Alfred Sloan, o mais eficaz gestor que conheci, comandou a General Motors desde a década de 1920 até a de 1950 e passava a maioria dos seus seis dias de trabalho semanais em meio a reuniões – três dias por semana em reuniões formais com membros da equipe e os outros três dias com executivos da GM ou com um pequeno grupo de executivos. Ao iniciar cada reunião formal, Sloan informava o propósito da mesma. Em seguida, ele escutava o que as outras pessoas diziam, ele nunca fazia anotações e raramente falava, exceto para esclarecer algum ponto obscuro. Ao final, ele fazia um resumo, agradecia aos participantes e saía. Ao chegar à sua sala, ele escrevia imediatamente um memorando e o endereçava para um dos participantes da reunião. Nesse memorando, ele fazia um arrazoado da discussão e das conclusões e atribuía a tarefa decidida durante a reunião (inclusive a decisão de fazer outra reunião sobre o assunto ou para estudar um tópico). Além disso, ele estabelecia um prazo e o responsável pela tarefa. Ele enviava uma cópia para todos os participantes da reunião. Foi graças a esses memorandos – todos obras-primas – que Sloan se tornou um gestor extraordinariamente eficaz.

Os gestores eficazes sabem que reuniões podem ser muito produtivas ou uma total perda de tempo.

▨ PENSE E DIGA "NÓS"

A prática final é a seguinte: não pense nem diga "eu". Pense e diga "nós". Os gestores eficazes reconhecem o fato de que a responsabilidade final lhes pertence, não podendo ser compartilhada nem delegada. Eles reconhecem também que essa responsabilidade tem como base a confiança da organização. Isso significa que eles sempre pensam primeiro nas necessidades e nas oportunidades da empresa, e não nas suas próprias. Parece fácil, mas é absolutamente fundamental.

Acabamos de revisar as oito práticas dos gestors eficazes. Ofereço agora um bônus final. Esta prática é tão importante que a considero uma regra: ouça primeiro, fale depois.

Os gestores eficazes diferem significativamente em termos de personalidade, pontos fortes, pontos fracos, valores e crenças. Todos têm em comum o seu excelente desempenho profissional. Alguns já nasceram eficazes, mas a demanda por bons profissionais é tão grande que não pode ser atendida apenas por esses talentos inatos. A eficácia é uma disciplina e, como todo processo sistemático, a eficácia *pode* ser aprendida e *tem de ser* conquistada.

1
Eficácia Pode Ser Aprendida

- Por que precisamos de gestores eficazes, 16
- Quem é o gestor?, 20
- Realidades do gestor, 25
- A promessa da eficácia, 34
- A eficácia pode ser aprendida?, 37

Ser eficaz é a função do gestor. Os termos *efetivo* e *executivo* são quase sinônimos. Não importa se o gestor trabalha em uma empresa, um hospital, uma repartição do governo, um sindicato, uma universidade ou nas forças armadas; o que se espera é que o gestor *faça as coisas certas acontecerem*. Em outras palavras, espera-se que ele seja eficaz.

É notória, porém, a ausência de homens de grande eficácia nos cargos de gerência. Grande inteligência é muito comum entre os gestores. A imaginação está longe de ser rara. O nível de conhecimentos tende a ser alto. Mas parece que há pouca correlação entre a eficácia de uma pessoa e sua inteligência, sua imaginação e seu conhecimento. Homens brilhantes são, muitas vezes, notavelmente ineficazes; não conseguem entender que ter um *insight* inspirador não é, por si só, garantia de alcance de resultados. Não aprenderam que o *insight* só se torna resultado efetivo com trabalho duro e sistemático. Inversamente, em todas as organizações existem pessoas metódicas que trabalham muito e alcançam resultados. Enquanto alguns se movimentam com o frenesi e a agitação, que muitas vezes podem ser confundidos com criatividade, os metódicos, passo a passo, atingem os resultados, como na fábula do coelho e da tartaruga.

Inteligência, imaginação e conhecimento são recursos essenciais, mas somente a eficácia pode convertê-los em resultados. Por si, esses atributos apenas estabelecem um limite para o que se pode atingir.

▪ POR QUE PRECISAMOS DE GESTORES EFICAZES

Tudo isso parece óbvio. Por que, então, tem sido dada tão pouca atenção à eficácia, em uma época em que existem inúmeros livros e artigos sobre cada aspecto das funções do gestor?

Uma explicação para essa negligência é que a eficácia é uma tecnologia específica de quem trabalha com o conhecimento dentro da organização. Até recentemente, trabalhadores com essas características eram raros.

Para o trabalho manual, precisamos apenas de eficiência; ou seja, capacidade para fazer as coisas de modo correto, em vez da capacidade de fazer com que as coisas corretas sejam feitas. O trabalhador manual pode ser sempre julgado em termos de quantidade e qualidade de sua produção, a qual pode ser definida precisamente, tal como um par de sapatos. Nos últimos cem anos, aprendemos a medir a eficiência e a definir a qualidade do trabalho manual – até o ponto de sermos capazes de multiplicar a produtividade de cada trabalhador.

Antigamente, o trabalhador manual – fosse operador de máquina ou da linha de frente – predominava em todas as organizações. Poucas pessoas eficazes eram necessárias: somente os que se situavam no topo davam ordens para os outros. Eram uma fração tão pequena da população de trabalhadores que, certo ou errado, acreditávamos na sua eficácia. Podíamos depender do surgimento de "predestinados", os poucos, em qualquer área de esforço humano, que, de algum modo, sabem aquilo que o restante tem de aprender com sacrifício.

- Isso era verdadeiro não somente nos negócios, como no Exército. É difícil de imaginar, hoje, que o "governo", durante a Guerra Civil Americana, há mais de um século, significava apenas um punhado de pessoas. O Ministro da Guerra de Lincoln tinha menos de cinquenta subordinados civis, não sendo a maioria deles "gestores" ou planejadores, mas, sim, executores de ordens. Todo o governo americano, em Washington, no tempo de Theodore Roosevelt, ou seja, em torno de 1900, poderia ser confortavelmente instalado em qualquer um dos atuais edifícios governamentais da capital americana.

  O hospital, antigamente, não conhecia nenhum dos "profissionais da saúde", os técnicos de raios X e de laboratório, os cientistas e terapeutas, os assistentes sociais etc., dos quais se empregam, agora, cerca de 250 para cada 100 pacientes. Além de algumas enfermeiras, havia apenas alguns faxineiros, cozinheiras e arrumadeiras. O médico era o trabalhador intelectual, e a enfermeira, sua assistente.

  Em outras palavras, até recentemente, o principal problema da organização era a eficiência do trabalhador manual que fazia aquilo que lhe diziam para fazer. Os trabalhadores dotados de conhecimentos não predominavam na organização.

Na realidade, apenas uma pequena fração desses trabalhadores de antigamente fazia parte de uma organização. A maioria deles trabalhava isoladamente como profissionais, tendo, no máximo, um escriturário como auxiliar. Sua eficácia, ou a ausência dela, era problema só deles e só eles afetava.

Hoje, porém, a grande organização dotada de conhecimentos é a realidade central. A sociedade moderna é uma sociedade de grandes instituições organizadas. Em cada uma delas, inclusive nas forças armadas, o centro de gravidade deslocou-se para o trabalhador do conhecimento, o homem que exercita o intelecto, mais do que a força de seus músculos ou a habilidade das mãos. Cada vez mais, a maioria das pessoas treinadas para usar os conhecimentos, a teoria e os conceitos, mais do que a força física ou a habilidade manual, trabalha em uma organização e é eficaz apenas enquanto pode apresentar alguma contribuição para a organização.

Agora não podemos mais supor apenas a existência de eficácia. Temos de considerá-la seriamente.

O rigoroso sistema de medidas e testes que organizamos para o trabalho manual – da engenharia industrial ao controle de qualidade – não é aplicável ao trabalho intelectual. Há poucas coisas piores, e menos produtivas, que um departamento de engenharia que produz, com eficiência, projetos maravilhosos para o produto errado. Trabalhar nas coisas *certas* é que torna o trabalho intelectual eficaz. Isso não se consegue medir com nenhum dos padrões estabelecidos para o trabalho manual.

O trabalhador que tem conhecimentos não pode ser supervisionado de perto ou em detalhe. É bastante auxiliado, mas também é preciso que ele se oriente para a execução e a contribuição, isto é, para a eficácia.

■ Uma *charge* publicada na revista *The New Yorker*, há algum tempo, mostra um escritório em cuja porta havia uma inscrição: "Chas Smith, Gestor-geral de Vendas, Companhia de Sabão Ajax". Nas paredes não se via nada além de um grande cartaz no qual se lia: "PENSE". Smith, em seu escritório, mantinha os pés cruzados em cima da mesa e lançava círculos de fumaça para o ar. Dois homens mais velhos passavam na frente da sala e diziam um para o outro: "Mas como podemos ter certeza de que o Smith está pensando sobre sabão?".

Na verdade, ninguém pode estar certo sobre o que o trabalhador do conhecimento pensa – contudo, pensar é seu trabalho específico, é o que ele "faz".

A motivação deste trabalhador depende de ser ele eficaz, de ser capaz de realizar. Se faltar a eficácia em seu trabalho, seu empenho na função e sua contribuição, em breve, desaparecerão, e ele se tornará um trabalhador que apenas cumpre horário, acompanhando o movimento das 9 h às 17 h.

- Essas observações acerca da motivação aparecem em todos os estudos, especialmente em três trabalhos empíricos: Frederick Herzberg (com B. Mauser e B. Snyderman), *The Motivation to Work* (New York, Wiley, 1959); David C. McClellan, *The Achieving Society* (Princeton, N.J., Van Nostrand, 1961); e Frederick Herzberg, *Work and the Nature of Man* (Cleveland, World, 1966).

Ele não produz algo que é eficaz por si mesmo. Não faz um produto físico – uma vala, um par de sapatos, parte de uma máquina –, mas produz conhecimento, ideias, informação. Tais "produtos", em si mesmos, são inúteis. Alguém, outro com os mesmos dotes, tem de usá-los como elementos e convertê-los em sua própria produção, antes que se tornem uma realidade. A maior sabedoria, não transformada em ação ou atuação, é um dado sem sentido. O trabalhador do conhecimento, portanto, tem de fazer algo que o trabalhador manual não precisa fazer. Deve prover eficácia. Não pode depender da utilidade intrínseca de sua produção como a de um par de sapatos bem-feito.

Ele é o único "fator de produção" pelo qual as sociedades e economias altamente desenvolvidas de hoje – EUA, Europa Ocidental, Japão e também, cada vez mais, os países que pertenciam a antiga União Soviética – se tornaram e se mantêm competidoras.

- Isso é particularmente verdadeiro em relação aos Estados Unidos da América (EUA). O único elemento em relação ao qual os EUA pode apresentar vantagem na competição é a educação. A educação americana pode deixar muito a desejar, mas é universalidade em um nível muito posterior a outras sociedades mais pobres. Porque a educação é o investimento de capital mais oneroso que jamais se conheceu. Um doutor em ciências naturais representa o investimento de capital social no valor de 100.000 a 200.000 dólares. Mesmo o jovem que se forma em uma universidade, sem nenhuma competência profissional específica, representa um investimento de 50.000 dólares ou mais. E isso só uma sociedade muito rica pode sustentar.

  A educação é a única área, portanto, em que a mais rica de todas as sociedades, os EUA, tem uma vantagem genuína – contanto que possa tornar o trabalhador intelectual produtivo. E a produtividade do intelectual significa capacidade de conseguir que as coisas certas sejam feitas. Isto significa eficácia.

■ Quem é o gestor?

Nas organizações modernas, qualquer trabalhador com conhecimentos é um gestor se, em virtude de sua posição ou deste conhecimento, for responsável por uma contribuição que afeta materialmente a performance da organização em obter resultados. Pode ser a capacidade de uma empresa de apresentar um novo produto ou de obter uma participação maior em determinado mercado. Pode ser a capacidade de um hospital de prover cuidados aos seus pacientes, e assim por diante. Tal indivíduo deve tomar decisões; não pode apenas obedecer a ordens. Tem de assumir responsabilidade pela sua contribuição; e, supõe-se, em virtude de seus conhecimentos, que ele está mais bem aparelhado para tomar a decisão certa do que qualquer outro. Ele pode ser posto de lado; pode ser rebaixado ou demitido, mas, enquanto estiver na função, estarão sob sua guarda os objetivos, os padrões e a contribuição.

Muitos administradores são gestores – mas não todos. Em contrapartida, muitos não administradores estão também se tornando gestores na sociedade moderna, porque a organização do conhecimento, tal como aprendemos nesses poucos últimos anos, necessita *tanto* de "administradores" *como* de "colaboradores profissionais individuais" em posição de responsabilidade, de autoridade e de decisão.

Esse fato pode ser mais bem ilustrado pela recente entrevista a um jornal concedida por um jovem capitão da infantaria americana nas selvas do Vietnã.

- Perguntado pelo repórter "como conseguia manter o comando naquela situação confusa", o jovem capitão respondeu: "Por aqui eu sou apenas o camarada que é responsável. Se esses homens não souberem o que têm de fazer quando partem contra o inimigo na selva, estarei muito longe deles para dizer-lhes. Minha função é assegurar que eles saibam. O que farão depende da situação, que só eles poderão julgar. A responsabilidade é sempre minha, mas a decisão estará com quem estiver no fogo".

Na luta de guerrilhas, cada homem é um "gestor".

Há muitos administradores que não são gestores. Muitas pessoas, em outras palavras, são superiores a outras – e, às vezes, a um número bastante grande de outras pessoas –, e, mesmo assim, não alteram, sensivelmente, a performance de organização. A maioria dos supervisores em uma fábrica pertence a esse universo. São "supervisores", no sentido literal da palavra. São "administradores", pois administram o trabalho dos outros, mas não têm responsabilidade nem autoridade sobre a direção, a quantidade e a qualidade do trabalho, ou sobre os métodos de sua execução. Podem ser ainda medidos e avaliados muito amplamente em termos de eficiência e qualidade, e pelos padrões que desenvolvemos para medir e avaliar o trabalho e desempenho do trabalhador manual.

Inversamente, para se saber se um trabalhador do conhecimento é um gestor não depende dele administrar ou não outras pessoas. Em um negócio, o responsável pela pesquisa de mercado pode ter sob suas ordens um grupo de 200 pessoas, enquanto o funcionário equivalente, no competidor mais perigoso, pode trabalhar sozinho e ter apenas uma secretária. Isso deve ser de pequena importância na contribuição esperada de cada um deles. É um detalhe administrativo. É lógico que duas centenas de pessoas podem realizar muito mais trabalho que uma pessoa sozinha, mas não quer dizer que elas produzam ou contribuam mais.

O trabalho intelectual não é definido pela quantidade nem por seu custo, mas, sim, por seus resultados. Para isso, o tamanho do grupo e a amplitude do trabalho administrativo não são nem mesmo sintomas.

Ter muitas pessoas trabalhando na pesquisa de mercado pode dotar os resultados de um incremento de discernimento, imaginação e qualidade que dá a uma companhia o potencial de sucesso e crescimento rápido. Se assim for, 200 pessoas constituem uma pequena despesa. Por outro lado, também pode acontecer o fato de que o administrador venha a ser sobrecarregado por todos os problemas que 200 pessoas trazem ao seu trabalho e que provocam nas suas interações. Ele pode ficar tão ocupado "administrando" que não tenha tempo para fazer pesquisa de mercado e tomar decisões fundamentais. Pode ficar tão ocupado verificando dados que nunca faça a pergunta: "O que exatamente queremos dizer quando falamos em nosso mercado?". E, como resultado, ele pode deixar de observar mudanças significativas no mercado, as quais, eventualmente, podem provocar a derrocada de sua companhia.

Mas o pesquisador individual de mercado, sem auxiliares, pode, igualmente, ser produtivo ou não. Pode ser a fonte de conhecimento e visão que faz sua companhia prosperar ou pode despender tanto tempo procurando detalhes, a ponto de não ver ou ouvir coisa alguma, ainda menos pensar. Em cada uma de nossas organizações do conhecimento, há pessoas que não administram ninguém e, contudo, são gestores. É evidente que muito raramente encontraremos uma situação semelhante àquela da selva do Vietnã, na qual, a qualquer momento, qualquer membro do grupo pode ser chamado a tomar decisões com reflexos de vida ou morte para o grupo. Mas o químico, em um laboratório de pesquisa, que decide seguir uma linha de investigação em vez de outra, pode tomar a decisão empreendedora que determina o futuro de sua companhia. Ele pode ser o diretor de pesquisa, mas também pode ser – e muitas vezes é – um químico sem responsabilidades de administração, se não for um jovem em baixo cargo. De modo semelhante, a decisão do que considerar como um "produto" nos livros de contabilidade pode ser tomada por um alto vice-presidente da companhia e também por um subalterno. E isso é verdade em todas as áreas de uma grande organização moderna.

- ■ Sobre esse assunto, consultar meu livro *Managing for Results* (New York, Harper and Row; Londres, Heinemann, 1964) – especialmente o Capítulo 2.

Chamei de "gestores" os trabalhadores do conhecimento, administradores ou profissionais individuais, de quem se espera, em virtude de sua posição ou seu conhecimento, e no decorrer normal de seu trabalho, decisões que tenham impacto significativo no desempenho e nos resultados do conjunto. Eles não são, em absoluto, a maioria dos trabalhadores intelectuais, porque, no trabalho intelectual, como em todos os outros, também há trabalho não especializado e rotina. Mas eles constituem uma proporção muito maior, no total da força de trabalho intelectual, do que indica o organograma de qualquer organização.

Isso está começando a ser compreendido – como testemunham as muitas tentativas de organizar escalas paralelas de reconhecimento e promoção para administradores e para colaboradores profissionais. Do que poucos se convenceram até agora, contudo, foi o número de pessoas que existem em qualquer organização, seja de negócios ou repartição governamental, laboratório de pesquisa ou hospital, que têm de tomar decisões de impacto significativo e irreversível. Isso porque a autoridade do conhecimento é tão legítima quanto a da posição.

- A melhor declaração que conheço foi feita por Frederick R. Kappel, presidente da American Telephone & Telegraph Company (The Bell Telephone System) no XIII Congresso Internacional de Gerência, em Nova York, em setembro de 1963. Os principais pontos abordados por Kappel são citados no Capítulo 14 do já mencionado livro.

Além disso, tais decisões são do mesmo *tipo* das da alta administração. (Esse foi o principal ponto abordado por Kappel na declaração referida anteriormente.)

O administrador que atua no nível mais próximo da operação, sabemos agora, pode realizar o mesmo tipo de trabalho que o presidente da companhia ou o chefe de uma repartição do governo; isto é, planejar, organizar, integrar, motivar, julgar. Seu raio de ação pode ser muito limitado. Mas, em seu campo de ação, ele é um gestor.

Do mesmo modo, cada um que tenha de decidir faz o mesmo tipo de trabalho que o presidente da companhia ou o administrador. Seu campo pode ser bem limitado, mas ele é um gestor mesmo que sua função ou seu nome não apareça nem no organograma nem na lista de ramais internos.

Seja um gestor-geral ou principiante, ele precisa ser eficaz. Muitos dos exemplos mencionados neste livro foram tirados do trabalho e da experiência de altos gestores – no governo, no exército, em hospitais, nos negócios e em outras organizações. A razão principal é que essas informações são acessíveis; na realidade, muitas vezes ao alcance do público; também os grandes fatos são mais facilmente analisados e vistos que os pequenos.

Este livro, contudo, não diz respeito ao que o pessoal que ocupa alto cargo faz ou deve fazer. É dirigido a cada um que, como trabalhador dotado de conhecimentos, é responsável pelas ações e pelas decisões destinadas a contribuir com a melhoria da performance da organização. É destinado a cada um dos homens a quem chamo de "gestores".

REALIDADES DO GESTOR

A realidade da situação do gestor não só exige eficácia da parte dele, como a torna excessivamente difícil de conseguir. Na verdade, a menos que os gestores trabalhem para se tornarem eficazes, a realidade de sua situação irá levá-los para a futilidade.

Observemos, rapidamente, a realidade de um trabalhador dotado de conhecimento *fora* de uma organização para podermos analisar o problema. Um médico não tem, de modo algum, problemas de eficácia. O paciente que entra em seu consultório leva consigo tudo o que é necessário para tornar eficazes os conhecimentos do médico. Durante a consulta, o médico pode, como regra geral, devotar-se ao paciente; pode reduzir as interrupções a um mínimo. A contribuição que se espera do médico é clara. O que é importante ou não é determinado pelo estado do paciente. As queixas dele estabelecem as prioridades para o médico. O objetivo é restaurar a saúde do doente ou, no mínimo, fazê-lo sentir-se melhor. Os médicos não são conhecidos pela sua capacidade de organizar a si mesmos ou seu trabalho, mas poucos deles encontram dificuldades para serem eficazes.

O gestor em uma organização está em uma posição totalmente diferente. Em sua situação, há quatro realidades principais sobre as quais ele não tem, essencialmente, nenhum controle. Cada uma delas é integrante da organização e do trabalho, bem como do dia do gestor. Ele não tem alternativa, deve "cooperar com o inevitável", mas cada uma dessas realidades exerce uma pressão em direção à falta de resultados e de desempenho.

1 ▪ O tempo do gestor parece que tende a pertencer a qualquer outra pessoa. Se alguém procurasse definir um "gestor" funcionalmente (isto é, pela sua atividade), teria de defini-lo como um escravo da organização. Todos podem intrometer-se no tempo de que ele dispõe, e todos o fazem. Parece que pouco pode ser feito pelos gestores com relação a isso. Ele não pode, em regra, como o médico, pôr a cabeça para fora da sala e dizer à secretária: "Não estarei para ninguém durante meia hora". Nesse momento exato, o telefone toca, e ele tem de falar com o melhor cliente da companhia, com um alto funcionário da Prefeitura ou com o patrão, e a meia hora terá se passado.*

> ■ Isso se torna claro em um estudo de alta administração nas grandes empresas, em que anotaram, realmente, o emprego do tempo pelos gestores superiores. Até os gestores mais eficazes do estudo do professor Carlson viram a maior parte de seu tempo usada pelas solicitações de outros e para fins que acrescentavam pouco ou nada à sua eficácia. Na realidade, os gestores podem muito bem ser definidos como pessoas que, normalmente, não dispõem de tempo para si próprios, porque seu tempo é sempre preenchido por assuntos de importância para outra pessoa.

2 ▪ Os gestores são forçados a se manter em "funcionamento", a não ser que façam algo positivo para alterar a realidade em que vivem e trabalham.

Nos EUA, é comum a queixa de que o presidente da companhia – ou qualquer outro dirigente – ainda continua a dirigir a área comercial ou a fábrica, embora ele seja, então, responsável por toda a compa-

---

* Sune Carlson, *Executive Behavior* (Strombergs, Estocolmo, 1951).

nhia e deva dedicar seu tempo à sua direção geral. Isso é, muitas vezes, imputado ao fato de que os gestores americanos começam, como regra geral, no trabalho e nas operações funcionais, e não conseguem libertar-se dos hábitos de toda uma vida quando atingem a direção geral. Mas exatamente a mesma queixa pode ser ouvida em países nos quais a ascensão é bem diferente. Nos países germânicos, por exemplo, o caminho comum para a direção geral vem da área corporativa, em que uma pessoa trabalha todo o tempo como um "generalista". Contudo, nas companhias alemãs, suecas ou holandesas, o pessoal da alta administração é criticado quanto ao seu desempenho tanto quanto nos EUA. E, quando analisamos as organizações, esta tendência não está confinada ao topo; estende-se a todo o grupo gerencial. Deve haver alguma razão para essa tendência observada, além do carreirismo ou mesmo da perversidade geral da natureza humana.

O problema fundamental é a realidade que cerca o gestor. A menos que ele consiga mudá-lo com ação deliberada, o fluxo dos acontecimentos determinará aquilo com o que ele deverá se preocupar e o que deverá fazer.

Depender do fluxo dos acontecimentos é próprio do médico. O médico olha o paciente que chega e lhe diz: "Por que veio aqui hoje?". Depois, espera que o paciente lhe diga o que é importante. Quando o paciente diz "Doutor, não posso dormir. Não consigo dormir há três semanas", ele está mostrando ao médico qual é a área de prioridade. Mesmo que o médico conclua, após exames mais detalhados, que a insônia é um sintoma de menor importância de uma condição muito mais fundamental, ele fará algo para ajudar o paciente a ter um bom repouso por algumas noites.

Em contrapartida, os acontecimentos raramente dizem algo ao gestor, muito menos o problema real. Para o médico, a queixa do paciente é central, porque o é para o doente. O gestor lida com um universo muito mais complexo. Os acontecimentos, por si mesmos, não indicam quais são importantes e relevantes e quais são meras distrações. Não há nem mesmo sintomas, no sentido em que a narrativa do paciente é uma indicação para o médico.

Se o gestor deixar os acontecimentos determinarem o que ele deve fazer, que trabalho executar e o que levar a sério, ele estará longe de "funcionar". Ele pode ser um ser humano excelente, mas certamente desperdiçará seus conhecimentos e sua capacidade, jogando fora o pouco de eficácia que poderia conseguir. O gestor precisa de critérios que lhe permitam trabalhar no que é verdadeiramente importante; isto é, em contribuições e resultados, embora critérios não sejam encontrados no fluxo dos acontecimentos.

3 ▪ A terceira realidade que conduz o gestor para a ineficácia é ele estar dentro de uma *organização*. Isso quer dizer que ele só é eficaz se e quando outras pessoas podem usar aquilo com o que ele contribui. A organização é um meio de multiplicar a força de um indivíduo. Ela toma seus conhecimentos e usa-os como matéria-prima, motivação e visão para outros trabalhadores dotados de conhecimento que, contudo, raramente se mantêm no mesmo plano que os demais, justamente porque são trabalhadores dessa categoria. Cada um tem sua própria habilidade e suas próprias incumbências. Um pode estar interessado em impostos, ou em bacteriologia ou na preparação e no aperfeiçoamento de administradores para a Prefeitura, enquanto o outro está trabalhando com os pontos delicados de levantamento de custos, em um planejamento de economia hospitalar, ou nos aspectos jurídicos da administração da cidade. Cada um tem de ser capaz de utilizar o que o outro produz.

Em geral, as pessoas mais importantes para a eficácia de um gestor não são aquelas sobre as quais ele exerce controle direto. Elas pertencem a outras áreas, são pessoas que, em termos organizacionais, são "pares" (outros gestores); ou são seus superiores. A não ser que o gestor possa atingir tais pessoas e tornar sua própria contribuição eficaz para elas e para seu trabalho, ele não é eficaz.

4 ▪ Finalmente, o gestor é *parte* de uma organização.

Cada gestor, seja sua organização uma empresa comercial ou um laboratório de pesquisas, uma repartição do governo, uma grande universidade ou a Força Aérea, vê a parte interna, a organização, como uma realidade próxima e imediata. O exterior, ele só vê através de grossas lentes de distorção, se é que o vê. O que se passa fora da organização, ele, em geral, não sabe, senão, por intermédio de outras pessoas. Recebe a informação por relatórios que já passaram por vários filtros na organização; isto é, de modo já pré-digerido e altamente abstrato, imposição dos critérios de relevância da organização para a realidade externa.

Mas a organização é uma abstração. Matematicamente, deveria ser representada por um ponto – isto é, desprovida de tamanho ou extensão. Mesmo a maior organização é irreal, comparada com a realidade do ambiente em que existe.

Especificamente, não há resultados dentro da organização. Todos os resultados aparecem no exterior. Os próprios resultados dos negócios, por exemplo, são produzidos por um cliente que transforma os custos e os esforços do negócio em lucros por sua vontade de trocar seu poder aquisitivo por produtos ou serviços da organização. O cliente pode tomar suas decisões, como consumidor, na base das considerações da lei de oferta e procura ou como um governo socialista, que regula a oferta e procura com base nas preferências de valor essencialmente não econômico. De qualquer modo, quem toma a decisão está fora da organização, e não dentro dela.

De modo semelhante, os resultados de um hospital referem-se apenas ao paciente; mas esse não é membro da organização hospitalar. Para o paciente, o hospital é "real" somente enquanto permanece lá. Seu maior desejo é voltar para o mundo livre de hospitais, tão depressa quanto possível.

O que acontece dentro de qualquer organização é esforço e custo. Falar em "centros de lucro" em um negócio, como estamos acostumados a fazer, é eufemismo. Há apenas centros de esforços. Quanto menos uma organização tiver de fazer para produzir resultados, tanto melhor ela estará executando o trabalho. Necessitar de 100 mil empregados para produzir os automóveis ou o aço que de que o mercado necessita é, essencialmente, uma grande imperfeição de engenharia. Quanto menor o número de empregados, o tamanho e a atividade interna, tanto mais perto da perfeição estará a organização em termos de sua única razão de existência: o serviço para o ambiente.

O exterior, esse ambiente que é a verdadeira realidade, está muito longe de controle pelo interior. No máximo, os resultados poderão ser codeterminados, como, por exemplo, na guerra, em que o produto é o resultado das ações e das decisões de ambos os exércitos. Em uma empresa, pode haver tentativas de moldar os valores e as preferências dos consumidores, por meio de promoção e propaganda. Exceto em situações de extrema deficiência, tal como na economia de guerra, o cliente ainda tem a última palavra e o efetivo poder de veto (o que explica por que todas as economias comunistas se defrontavam com problemas, tão logo ultrapassaram a fase de extrema deficiência e muito antes de atingir uma posição de oferta adequada no mercado, quando o consumidor, mais do que as autoridades políticas, toma as decisões reais e finais).

Contudo, o interior da organização é mais visível para o gestor. É no interior que tudo lhe diz respeito. Suas relações e seus contatos, seus problemas e desafios, seus choques e falatórios o atingem e tocam de todas as maneiras. A não ser que faça esforços especiais para conseguir acesso direto ao exterior, ele irá se tornar, cada vez mais, voltado para o interior. Quanto mais alto subir na organização, tanto mais sua atenção será conduzida para problemas e desafios do interior, e não para os acontecimentos exteriores.

- Uma organização, um artefato social, é muito diferente de um organismo biológico. Contudo, obedece à lei que governa a estrutura e o tamanho dos animais e das plantas: a superfície cresce com o quadrado do raio, enquanto a massa o faz com o cubo. Quanto maior o animal se torna, mais meios devem ser dedicados à massa e às funções internas, à circulação e à informação, ao sistema nervoso, e assim por diante.

Todas as partes de uma ameba estão em contato direto e constante com o ambiente. Não precisa, por isso, de órgãos especiais para perceber o ambiente ou manter-se íntegra. Mas um grande e complexo animal, como o homem, precisa de um esqueleto para manter-se uno. Precisa de toda a sorte de órgãos especializados para ingestão e digestão, bem como respiração para levar oxigênio aos tecidos, para reprodução etc. Acima de tudo, uma pessoa precisa de um cérebro e de complexos sistemas nervosos. A maior parte da massa da ameba está diretamente ligada à sobrevivência e à procriação. A maior parte da massa do animal superior, seus recursos, sua comida, seu suprimento de energia, seus tecidos servem para sobrepujar e compensar a complexidade da estrutura e o isolamento do exterior.

Uma organização não é, como um animal, um fim em si mesma e bem-sucedida pelo mero ato de perpetuação da espécie. Ela é um órgão da sociedade e se justifica pela contribuição que presta ao ambiente exterior. Contudo, quanto maior e aparentemente mais bem-sucedida se torna uma organização, mais os acontecimentos internos tendem a engajar os interesses, as energias e as capacidades do gestor, excluindo sua real missão e sua verdadeira eficácia no exterior.

Este perigo está se agravando atualmente com o advento do computador e da nova tecnologia da informação. O computador, um artefato mecânico, só pode utilizar dados quantitativos. Estes, ele utiliza com rapidez, precisão e cuidado. Portanto, processará informações quantitativas, até então não obtidas, em grande escala. Mas só se pode quantificar o que se passa dentro da organização – dados de custo e produção, estatística de pacientes no hospital, ou relatórios de treinamento. Os acontecimentos exteriores relevantes são raramente disponíveis em modo quantitativo até que seja tarde demais para fazer algo com eles ou a respeito deles.

Isso não se dá só porque nossa capacidade de obter informações referentes aos acontecimentos externos está em plano inferior em relação à capacidade técnica do computador. Se isso fosse o único fato a nos preocupar, teríamos apenas de aumentar nossos esforços estatísticos – e o próprio computador nos auxiliaria muito a suplantar essa limitação mecânica. O problema existe, principalmente, porque os acontecimentos importantes e relevantes do exterior são, na maioria, qualitativos e, portanto, incapazes de quantificação. Eles ainda não são "fatos", pois um fato, afinal, é um acontecimento que alguém já definiu, classificou e, acima de tudo, já dotou de relevância. Para poder quantificar, primeiro é necessário ter um conceito. Tem-se de, inicialmente, retirar do turbilhão infinito dos fenômenos um aspecto específico a que se possa dar um nome e, finalmente, contar.

- A tragédia da talidomida, que provocou o nascimento de tantas crianças deformadas, é um caso típico. No momento em que os médicos europeus tiveram posse de dados estatísticos suficientes para se convencerem de que o número de crianças deformadas era significativamente maior que o normal – tão maior que deveria haver uma causa nova e específica – o dano já havia ocorrido. Nos EUA, esse dano foi evitado porque um médico sanitarista percebeu uma mudança qualitativa – um pequeno e em si mesmo pouco importante formigamento na pele, causado pelo medicamento –, relacionou-o com outro acontecimento totalmente diferente, que havia ocorrido muitos anos antes, e deu o alarme antes que a talidomida fosse realmente usada.

O Ford Edsel mostra uma lição semelhante. Todos os danos quantitativos que se poderiam obter foram recolhidos antes do lançamento do carro. Todos indicavam que era o automóvel certo para o mercado certo. A mudança qualitativa – da segmentação do mercado de consumidores americanos de automóveis em função do gosto, e não mais da renda –, nenhum estudo estatístico poderia mostrar. No momento em que isso pôde ser traduzido em números, já era tarde – o Edsel já havia sido lançado e falhado.

Os acontecimentos realmente importantes no exterior não são as tendências. São as mudanças nas tendências. Estas determinam, em última instância, o sucesso ou o fracasso de uma organização e de seus esforços. Tais mudanças, contudo, têm de ser percebidas; não podem ser contadas, definidas ou classificadas. As classificações ainda produzem os dados esperados – como o fizeram para o Edsel. Todavia, eles não correspondem mais ao comportamento real.

O computador é uma máquina lógica, e nisso consiste sua força – mas também sua limitação. Os acontecimentos importantes do exterior não podem ser relatados de modo que um computador (ou qualquer outro sistema lógico) possa vir a utilizar. O homem, porém, embora não seja particularmente lógico, é perceptivo – e essa é sua força.

O perigo é que os gestores se tornam desdenhosos em relação à informação e ao estímulo que não possa ser reduzido à lógica e à linguagem do computador. Eles podem tornar-se cegos a tudo o que seja percepção (isto é, acontecimento), e não fato (isto é, após o acontecimento). A enorme quantidade de informações para o computador pode, assim, encerrar o acesso à realidade.

Finalmente, o computador – potencialmente, sem comparação, o instrumento gerencial de maior utilidade – poderia tornar os gestores cientes de seu isolamento e garantir-lhes mais tempo para o exterior. Em curto prazo, porém, haveria o perigo de "computadorite" aguda – uma doença séria!

O advento do computador apenas tornou visível uma condição que já existia antes. Os gestores vivem e trabalham necessariamente dentro da organização. A não ser que façam esforços conscientes para perceber o exterior, o interior os torna cegos à verdadeira realidade.

Essas quatro realidades o gestor não pode mudar. São condições necessárias de sua existência. Ele deve, portanto, compreender que será ineficaz, a não ser que faça esforços especiais para aprender a ser eficaz.

■ A PROMESSA DA EFICÁCIA

O aumento da eficácia pode bem ser a única área na qual possamos esperar, de modo significativo, elevar o nível do desempenho, realização e satisfação dos gestores.

Certamente, poderíamos utilizar pessoas com habilidades muito maiores em muitos lugares. Poderíamos usar pessoas com maior conhecimento. Reconheço, porém, que nessas duas áreas não se pode esperar muito de esforços posteriores. Poderemos chegar ao ponto em que estaremos já tentando fazer o inerentemente impossível ou, no mínimo, o inerentemente improdutivo. Mas não iremos criar uma nova raça de super-homens. Temos de dirigir nossa organização com os homens tais como são.

Os livros sobre o aperfeiçoamento dos gestores, por exemplo, estão realmente focando um "homem para qualquer situação" em seu retrato do "gestor de amanhã". Dizem que um alto dirigente deve ter habilidades extraordinárias como analista e como tomador de decisões. Deve ser bom no trato com as pessoas e no conhecimento da organização e de relações de poder, bom em matemática e ter discernimento artístico e imaginação criadora. O que parece que se está querendo é um gênio universal; e não existe uma disponibilidade muito grande de gênios universais. A experiência com a raça humana indica fortemente que o único tipo em oferta abundante é o incompetente universal. Teremos, por isso, de equipar nossa organização com pessoas que, no máximo, sejam excelentes em uma dessas habilidades. Desse modo, essas pessoas, quase certamente, pouco mais terão que os mínimos dotes em relação a outras.

Temos de aprender a fazer organizações de tal modo que qualquer homem que tenha força em uma área importante seja capaz de fazê-la trabalhar (como será explanado, longamente, no Capítulo 4). Mas não podemos esperar o desempenho de gestores, como queremos, elevando nosso padrão de habilidades, apenas para aguardar uma pessoa universalmente dotada. Temos de ampliar o escalonamento de seres humanos de acordo com as ferramentas com que eles terão de trabalhar, e não por meio de um súbito salto quantitativo na habilidade humana.

Isto também se aplica relativamente ao conhecimento. Por mais que necessitemos de pessoas de maior e melhor conhecimento, o esforço necessário para conseguir um melhoramento substancial pode ser bem maior do que qualquer possível, ou provável, retribuição.

- Quando a pesquisa operacional apareceu, muitos dos jovens e brilhantes praticantes publicaram sua prescrição para o pesquisador operacional de amanhã. Eles sempre procuraram alguém que soubesse tudo e fosse capaz de realizar um trabalho original e superior em qualquer ramo do conhecimento humano. De acordo com um desses estudos, os pesquisadores operacionais precisavam ter conhecimento avançado em cerca de 62 disciplinas superiores, científicas e humanísticas. Se esse homem fosse encontrado, tenho receio de que seria uma grande perda deixá-lo fazer estudos de níveis de estoque ou na programação de produção.

Programas muito menos ambiciosos para o desenvolvimento dos gestores exigem alto conhecimento em uma gama de habilidades divergentes, tais como contabilidade e pessoal, comercialização, preços e análise econômica, ciências sociais, como Psicologia, e ciências naturais, da Física à Biologia e Geologia. E, certamente, precisamos de homens que entendam a dinâmica da moderna tecnologia, a complexidade da economia do mundo moderno e o labirinto dos governos atuais.

Cada uma dessas é uma grande área, muito grande na realidade, mesmo para homens que não trabalham em mais nada. Os eruditos tendem a se especializar em segmentos bem pequenos de cada um desses campos e não pretendem ter mais que um conhecimento rápido do campo em si mesmo.

Não quero dizer que não seja necessário tentar entender os fundamentos de cada uma dessas áreas.

- Uma das fraquezas das jovens e altamente educadas pessoas de hoje – seja nos negócios, na medicina ou governo – é que se sentem satisfeitas em ser versadas em uma especialidade estreita e mostram desprezo pelas demais áreas. Não precisamos saber em detalhe o que fazer com "relações humanas" se formos contabilistas, ou como fazer a promoção de um produto novo se formos engenheiros. Mas temos a obrigação de saber, pelo menos, o que são esses ramos, do que tratam e aquilo que estão tentando fazer. Uma pessoa não precisa conhecer psiquiatria para ser um bom urologista; no entanto, ela deve saber o que é psiquiatria. Não se precisa ser um advogado internacional para realizar um bom trabalho no Ministério da Agricultura, mas deve-se conhecer o suficiente sobre política internacional para não causar danos internacionais a partir de uma política agrária provinciana.

Isso, contudo, é algo muito diferente do universal – que é tão pouco provável que ocorra tanto quanto o gênio universal. Em vez disso, teremos de aprender como fazer melhor uso das pessoas que são boas em qualquer uma dessas áreas. Mas isso quer dizer aumento de eficácia. Se não podemos aumentar o suprimento de um elemento, devemos aumentar seu rendimento. Eficácia é um instrumento que faz as fontes de capacidade e conhecimento produzirem mais e oferecerem melhores resultados.

Eficácia, portanto, merece alta prioridade, tendo em vista as necessidades da organização. Deve-se dar-lhe ainda maior prioridade como instrumento do gestor e sua possibilidade de acesso ao desempenho e à realização.

A eficácia pode ser aprendida?

Se eficácia fosse um dom com que as pessoas nascessem, do mesmo modo como nascem com o dom da música ou a inclinação para a pintura, estaríamos em má situação, pois sabemos que apenas uma pequena minoria nasce com grandes dons para qualquer dessas atividades. Ficaríamos, então, reduzidos a tentar localizar pessoas com alto potencial de eficácia, o mais cedo possível, e treiná-las o melhor que pudéssemos para desenvolver-lhes o talento. Mas dificilmente podemos esperar encontrar, desse modo, um número suficiente para as funções de gerência da sociedade moderna. Na verdade, se a eficácia fosse um dom, nossa atual civilização seria altamente vulnerável, se não insustentável, porque uma civilização de grandes organizações depende de um grande suprimento de pessoas capazes de serem gestores, com uma parcela de eficácia.

Mas, se a eficácia pode ser aprendida, surgem as perguntas: Em que consiste? O que se deve aprender? De que tipo é o aprendizado? É um conhecimento – e conhecimento se aprende de maneira sistemática e por meio de conceitos? É uma habilidade que as pessoas adquirem como aprendizes? Ou é uma prática que se aprende fazendo as mesmas coisas elementares inúmeras vezes?

Tenho feito essas perguntas há muitos anos. Como consultor, trabalho com gestores em muitas organizações. A eficácia é crucial para mim, de duas maneiras. Primeiro, um consultor que, por definição, não tem outra autoridade que a do conhecimento, deve ser, ele próprio, eficaz – ou não é nada. Segundo, até mesmo o mais eficaz consultor depende das pessoas de dentro da organização cliente para conseguir que algo seja feito. A eficácia delas, portanto, determina, em última análise, se o consultor contribui e consegue resultados, ou se ele é puro "centro de custo" ou, no mínimo, o bobo da corte.

- Em uma conferência na Escola de Comércio da Universidade de Colúmbia o professor Chris Argyris, da Universidade de Yale, afirmou que "Cedo, aprendi que não há *personalidade eficaz*". De acordo com o professor Argyris, o gestor "bem-sucedido" (como ele o chama) tem dez características, entre elas a "Grande Tolerância à Frustração", a compreensão das "Leis da Guerra da Competição", ou que ele "Identifique-se com Grupos". Se essa fosse realmente a personalidade do gestor que precisamos, estaríamos em grande dificuldade. Não há muitas pessoas com tais traços de personalidade e, até hoje, ninguém soube como adquiri-los. Conheço felizmente muitos gestores altamente eficazes – e bem-sucedidos – aos quais faltam a maioria se não todas as "características" de Argyris. E também conheço uns poucos que, embora correspondendo à descrição de Argyris, são singularmente ineficazes.

Os gestores eficazes que já vi diferem amplamente em temperamento e habilidades, no que fazem e como fazem, em suas personalidades, conhecimentos, interesses – na verdade em quase tudo o que distingue os seres humanos. O único fato em comum é a capacidade de conseguir que as coisas certas sejam feitas.

Entre os gestores eficazes que conheci e com quem trabalhei, há extrovertidos e reservados, homens solitários, alguns mesmo morbidamente tímidos. Alguns são excêntricos, outros penosamente corretos conformistas. Alguns são gordos, outros esguios. Uns são combativos, outros moderados. Alguns bebem consideravelmente, outros são abstêmios totais. Uns são homens de grande encanto pessoal e calor, outros não têm mais personalidade que um peixe congelado. Há poucos entre eles que corresponderiam ao conceito popular de um "líder". Mas, do mesmo modo, há homens sem nenhum traço que possa atrair a atenção em uma multidão. Uns são eruditos e sérios estudantes, outros quase analfabetos. Alguns têm grande ambição, outros nada sabem além de seu estreito campo de ação e não se preocupam com mais coisa alguma. Alguns desses homens são egocêntricos, se não chegam ao egoísmo. Mas há homens generosos de coração e pensamento. Há os que vivem apenas para o trabalho e aqueles cujo interesse está no exterior – nos trabalhos da comunidade, em sua igreja, no estudo da poesia chinesa, em música moderna. Entre os gestores eficazes, há os que usam lógica e análise e outros que se baseiam principalmente na percepção e na intuição. Há homens que tomam decisões facilmente e homens que sofrem cada vez que têm de se movimentar.

Gestores eficazes, em outras palavras, diferem tão amplamente como médicos, professores secundários ou violinistas. Diferem tão amplamente como os ineficazes; são mesmo indistinguíveis dos ineficazes, em tipo, personalidade e talento.

O que todos esses gestores eficazes têm em comum são os métodos que tornam eficaz tudo o que têm e qualquer coisa que sejam. Esses métodos são os mesmos, quer o gestor eficaz trabalhe em uma empresa ou em uma repartição, como administrador de hospital ou seja reitor de universidade.

Mas, sempre que encontrei uma pessoa, independentemente de sua inteligência, sua diligência, sua imaginação ou seu conhecimento, que tivesse deixado de observar esses métodos, eu tinha encontrado também um gestor deficiente em eficácia.

A eficácia, em outras palavras, é um hábito, isto é, um complexo de normas práticas. E normas podem sempre ser aprendidas. Normas práticas são simples, surpreendentemente simples; mesmo um garoto de sete anos não tem dificuldade de entender uma norma prática. Mas elas são sempre excessivamente difíceis de serem bem executadas. Têm de ser adquiridas da mesma maneira como aprendemos a tabuada de multiplicar, isto é, repetindo *ad nauseam* até que "6 × 6 = 36" se torna um reflexo condicionado não raciocinado e um hábito firmemente impresso. As normas práticas são aprendidas a partir de prática, prática e mais prática.

Aplica-se a qualquer prática o que o meu velho professor de piano me dizia, para meu desespero, quando eu era criança: "Você jamais tocará Mozart como Arthur Schnabel o faz, mas não há nenhuma razão para que você não execute suas escalas do mesmo modo que ele." O que o professor se esqueceu de dizer – provavelmente porque era óbvio para ele – é que até os grandes pianistas não poderiam tocar Mozart da maneira como o fazem a não ser que praticassem as escalas e continuassem a praticá-las.

Em outras palavras, não há razão alguma para que qualquer pessoa normalmente dotada não possa ser competente em qualquer tipo de prática. A maestria pode certamente escapar-lhe; para ela, precisa-se ter talento especial; mas o que é necessário para a eficácia é competência. O que é necessário são "as escalas".

Há, essencialmente, cinco dessas práticas – cinco desses hábitos de pensamento que devem ser adquiridos para ser um gestor eficaz.

1. Gestores eficazes sabem como empregar o tempo. Eles trabalham sistematicamente controlando o pouco tempo que pode ficar sob seu controle.

2. Gestores eficazes focam na contribuição externa. Conduzem seus esforços para resultados, e não para o trabalho. Começam com a pergunta: "Que resultados esperam de mim?", e não com o trabalho que deve ser feito, com suas técnicas e instrumentos.

3. Gestores eficazes constroem com base na força – suas próprias forças, a de seus superiores, colegas e subordinados; e nas forças da situação, isto é, no que elas podem fazer. Tais gestores não se baseiam em fraquezas. Não começam com aquilo que não podem fazer.

4. Gestores eficazes se concentram nas poucas grandes áreas em que uma execução superior produzirá resultados excelentes. Forçam-se a estabelecer prioridades e a manter suas decisões de prioridade. Sabem que não têm outra solução senão fazer as coisas urgentes primeiro e depois as de segunda urgência. A alternativa é nada fazer.

5. Gestores eficazes, finalmente, tomam decisões eficazes. Sabem que isso, acima de tudo, é uma questão de método – os passos certos na sequência certa. Sabem que uma decisão eficaz é sempre um julgamento, com base em "opiniões divergentes", mais do que na "apreciação dos fatos". E sabem que tomar muitas decisões rapidamente significa tomar decisões erradas. É necessário que se tomem poucas decisões, mas que elas sejam fundamentais. O que é necessária é a estratégia certa, e não uma tática improvisada.

Estes são os elementos da eficácia do gestor – e estes são os assuntos deste livro.

2

Ele Conhece o seu Tempo

- ▦ As demandas do tempo do gestor, 44
- ▦ Diagnóstico do tempo, 52
- ▦ Cortar as causas de perda de tempo, 59
- ▦ Consolidação do tempo discricionário, 66

A maioria das discussões sobre as funções do gestor começa com a advertência de planejar o próprio trabalho. Isso soa eminentemente plausível. A única coisa errada a respeito é que isso raramente funciona. Os planos sempre ficam no papel, sempre permanecem boas intenções. Raramente se transformam em realidade.

Gestores eficazes, pelo que tenho observado, não começam pelas suas tarefas, mas pelo seu tempo. E não iniciam com planejamento, mas sabendo em que seu tempo é realmente empregado. Depois, tentam controlar o tempo e cortar demandas improdutivas desse tempo. Finalmente, consolidam seu tempo "arbitrário" em unidades com a maior continuidade possível. É um processo de três passos:

- observar o tempo
- controlar o tempo
- consolidar o tempo.

Esse é o fundamento da eficácia do gestor.

Gestores eficazes sabem que tempo é o fator limitativo. Os limites de produção em qualquer processo são estabelecidos pelo elemento mais escasso e que, no processo que chamamos "realização", é o tempo.

O tempo é, também, um elemento singular. Entre os outros elementos mais importantes, o dinheiro é, na realidade, o que existe em maior quantidade. Já devíamos ter aprendido, há muito tempo, que é a demanda de capital, mais do que sua oferta, que estabelece o limite para o crescimento e a atividade econômicos. As pessoas – o terceiro elemento limitativo –, nós podemos contratar, embora raramente consigamos boas em quantidade suficiente, mas ninguém pode contratar, alugar, comprar ou obter, de qualquer outro modo, mais tempo.

O suprimento de tempo é absolutamente inelástico. Seja qual for a quantidade da demanda, o suprimento não crescerá. Não há preço para o tempo. E mais, o tempo é inteiramente perecível, não podendo ser estocado. O tempo de ontem está perdido para sempre, não voltará jamais. O tempo é, por isso, sempre um suprimento excessivamente deficiente.

O tempo é totalmente insubstituível. Dentro de certos limites, podemos substituir um elemento por outro, o cobre pelo alumínio, por exemplo; ou capital por trabalho humano. Podemos usar mais conhecimentos ou mais força. Mas não há substituto para o tempo.

Tudo requer tempo. É a única condição verdadeiramente universal. Qualquer trabalho é realizado em um tempo e usa o tempo. E, contudo, a maioria não dá a devida importância a esse elemento singular, insubstituível e necessário. Nada mais, talvez, identifique melhor os gestores eficazes do que seu terno e amoroso cuidado com o tempo.

O homem não é bem dotado para controlar seu tempo.

- Embora o homem, como todos os seres vivos, tenha um "relógio biológico" – como qualquer pessoa percebe quando atravessa o Atlântico em um avião a jato – falta-lhe, tal como o demonstraram alguns testes psicológicos, um sentido seguro do tempo. Pessoas confinadas em uma sala, na qual não podem perceber luz ou escuridão exteriores, perdem rapidamente o sentido do tempo. Mesmo na maior escuridão, a maioria das pessoas mantém seu senso de espaço. Mas, até com luzes acesas, algumas horas em uma sala fechada tornam a maioria das pessoas incapazes de estimar quanto tempo se passou. Elas tanto poderão, grosseiramente, subestimar o tempo gasto na sala, como, também, grosseiramente, superestimá-lo.

Se nos basearmos em nossa memória, portanto, não saberemos como despendemos o tempo.

- Algumas vezes, peço a gestores que se orgulham da memória que têm para escreverem suas estimativas de como gastam o próprio tempo. Depois, deixo de lado tais declarações por algumas semanas ou meses. Enquanto isso, os gestores passam a registrar realmente o dispêndio do tempo, e nunca há muita semelhança entre o modo que esses homens pensam que empregam o tempo e os registros feitos a respeito.

  O presidente de uma companhia estava absolutamente certo de que dividia seu tempo em três partes, de modo geral. Um terço pensava despender com seus auxiliares mais categorizados; outro terço julgava utilizar com seus clientes importantes, e o terço restante pensava devotar à atividade da comunidade. O registro real de suas atividades, em um período de seis semanas, mostrou claramente que ele não empregava quase nenhum tempo em qualquer dessas ocupações. Essas eram as tarefas nas quais ele sabia que *devia* despender seu tempo – e, assim, a memória, submissa como sempre, dizia-lhe que essas eram as atividades em que ele realmente havia empregado seu tempo. O registro, porém, mostrou que ele usou a maior parte de suas horas como uma espécie de despachante, procurando seguir as encomendas dos clientes que ele conhecia pessoalmente e atrapalhando a fábrica com chamadas telefônicas a respeito delas. A maioria dessas encomendas seria atendida da melhor maneira, de qualquer modo, e sua intervenção só poderia retardá-las. Mas, quando a secretária lhe apresentou o registro do tempo, ele não quis acreditar. Foram necessários dois ou três outros períodos de tempo para convencê-lo de que o registro, mais do que a memória, deve ser o elemento de confiança quando se trata do uso do tempo.

O gestor eficaz, portanto, sabe que, para controlar seu tempo, tem de saber, primeiro, em o que ele é realmente empregado.

■ AS DEMANDAS DO TEMPO DO GESTOR

Há constantes pressões no que diz respeito ao uso improdutivo e inútil do tempo.

Qualquer gestor, seja administrador ou não, perde grande quantidade de tempo em coisas que não contribuem para o que quer que seja. Grande parte do tempo é inevitavelmente perdida. Quanto mais bem posicionado estiver na organização, tanto maiores serão as demandas de seu tempo pela organização.

- O presidente de uma grande empresa disse-me, uma vez, que nos dois anos em que ficou como gestor principal "jantou fora" todas as noites, exceto as de Natal e do Ano Novo. Todos os outros jantares foram funções "oficiais", tendo perdido muitas horas em cada uma delas. Contudo, não havia alternativa. Quer o jantar fosse em honra de um empregado que se aposentava depois de 50 anos de serviço, ou de um governador do Estado no qual a companhia tinha negócios, o gestor-geral tinha de estar lá. Participar de cerimônias é uma de suas funções. Meu amigo não tinha ilusões de que esses jantares não contribuíam nem para a companhia nem para seu divertimento ou para seu próprio desenvolvimento. No entanto, tinha de comparecer, jantar e ser amável.

Perdas de tempo semelhantes são abundantes na vida de qualquer gestor. Quando o principal cliente da empresa aparece, o gestor de vendas não pode dizer "Estou ocupado". Tem de ouvir, mesmo que tudo o que o cliente queira falar seja sobre o jogo com os amigos no sábado anterior ou as perspectivas de sua filha ir para o colégio apropriado. O administrador do hospital tem de comparecer às reuniões de cada uma das comissões de seus subordinados ou os médicos, as enfermeiras, os técnicos e outros terão a impressão de estar sendo desprezados. O chefe de uma repartição governamental tem de ser atencioso quando um congressista o visita e pede uma informação que facilmente poderia obter nas listas telefônicas ou em outra fonte.

Os não administradores não têm melhores oportunidades. São também bombardeados com demandas de seus tempos, as quais acrescentam pouco, se é que o fazem, à sua produtividade, mas que não podem ser desprezadas.

Em qualquer função gerencial, uma grande parte do tempo deve, portanto, ser perdida em coisas que, conquanto aparentemente tenham de ser feitas, em nada ou muito pouco contribuem.

Apesar disso, a maior parte das tarefas de um gestor exige, para um mínimo de eficácia, um longo período de tempo. Aplicar em cada uma menos que esse mínimo será pura perda. Nada se irá realizar, e será necessário começar tudo de novo.

- Redigir um longo relatório, por exemplo, pode requerer seis ou oito horas, pelo menos, para o primeiro rascunho. É inútil dedicar sete horas à tarefa, utilizando 15 minutos duas vezes por dia, durante três semanas. Tudo que se consegue obter, por fim, é um papel em branco, com algumas observações rabiscadas. Mas, quando se consegue fechar a porta, desligar o telefone e sentar-se para lutar com o relatório durante cinco ou seis horas sem interrupção, tem-se uma boa probabilidade de conseguir o que chamo de "esboço zero", isto é, o anterior ao primeiro rascunho. Daí em diante, pode-se realmente trabalhar em pequenas parcelas de tempo, reescrevendo, corrigindo e organizando capítulo por capítulo, parágrafo por parágrafo, frase por frase.

    Isto também acontece com uma experiência. Deve-se dispor, simplesmente, de cinco a 12 horas ininterruptas para arrumar os aparelhos e realizar, no mínimo, uma operação completa, ou então será necessário recomeçar tudo de novo após cada interrupção.

Para ser eficaz, cada trabalhador do conhecimento, e especialmente cada gestor, precisa, portanto, poder dispor de grandes períodos de tempo. Uns minutos agora, uma hora depois, à sua disposição não serão suficientes mesmo que o total seja um número impressionante de horas. Isso é particularmente verdadeiro em relação ao tempo utilizado no trabalho com pessoas, que é, certamente, uma tarefa fundamental no trabalho do gestor. As pessoas são consumidoras de tempo, e muitas são perdedoras de tempo.

Despender alguns minutos com as pessoas é simplesmente improdutivo. Se almeja-se conseguir algo, há que se despender uma quantidade razoável, mas necessária, de tempo. O administrador que julga poder discutir planos, direção e execução com um de seus subordinados em 15 minutos – e muitos assim o pensam – está apenas se enganando. Se quisermos chegar ao ponto de obter um impacto, necessitaremos, provavelmente, de no mínimo uma hora e, normalmente, muito mais. Se quisermos estabelecer uma relação humana, precisaremos de tempo infinitamente maior.

As relações entre aqueles que realizam trabalhos intelectuais são especialmente consumidoras de tempo. Seja qual for a razão – a ausência da barreira de classe e autoridade entre superior e subordinado em trabalho intelectual, ou simplesmente porque ele se dá maior importância – o trabalhador intelectual faz demandas de tempo muito maiores do que o trabalhador manual, seja ao superior, seja aos companheiros. Além disso, como o trabalho intelectual não pode ser medido da mesma maneira que o trabalho manual, não se pode dizer ao trabalhador intelectual, em poucas e simples palavras, se ele está realizando o trabalho certo e de modo certo. Podemos dizer a um trabalhador manual: "Nossos padrões exigem 50 peças por hora e você só está produzindo 42". Já em relação ao trabalhador intelectual, é necessário sentar com ele e raciocinar sobre o que deveria ser feito e por que, antes de se verificar se ele está de fato realizando um trabalho satisfatório ou não. E isso consome tempo.

Já que o trabalhador intelectual é o seu próprio dirigente, ele deve compreender qual o desempenho que se espera dele e por que. Deve também compreender o trabalho das pessoas que terão de usar a sua produção. Para isso, precisa de muitas informações, esclarecimentos, instruções, e tudo isso exige tempo; ao contrário do pensamento geral, essa demanda de tempo é feita não apenas ao superior, mas também aos companheiros.

O trabalhador intelectual deve focar nos resultados e metas de desempenho de toda a organização para que obtenha quaisquer resultados ou desempenhos. Isso significa que ele tem de dedicar parte de seu tempo para dirigir a visão de seu trabalho para os resultados, e parte do tempo para o exterior, no qual realmente estão o resultado e o desempenho da organização.

- Em qualquer lugar em que trabalhadores intelectuais desempenham bem o seu trabalho em grandes organizações, gestores superiores têm de encontrar tempo, em uma programação regular, para sentar-se com eles, por mais novos que sejam, e perguntar-lhes: "O que nós, da direção desta organização, devemos saber a respeito de seu trabalho? O que você tem a dizer a respeito desta organização? Em que âmbito você vê oportunidades que ainda não exploramos? Em que situação observa perigos que ainda não enxergamos? E, em geral, o que você quer saber de mim a respeito desta organização?".

Essa troca de ideias é igualmente necessária em uma repartição ou em uma empresa, em um laboratório de pesquisa ou no estado-maior do Exército. Sem ela, os dirigentes ou perdem entusiasmo e se tornam meros cumpridores de horários de expediente, ou dirigem suas energias para sua especialidade, para longe das oportunidades e necessidades da organização. Mas estas reuniões consomem tempo em grande quantidade, especialmente porque devem ser realizadas sem pressa e sem formalismos. As pessoas devem ter a impressão de que dispõem de "todo o tempo da vida". Na realidade, isso significa que se pode conseguir um acordo rapidamente, mas também que se dispõe de um grande período de tempo sem muitas interrupções.

A mistura de relações pessoais e de trabalho também é consumidora de tempo. Se apressada, resulta em atritos. Contudo, qualquer organização repousa nessa mistura. Quanto mais pessoas estiverem reunidas, mais tempo será necessário para sua atuação conjunta, e menos tempo estará disponível para elas trabalharem, realizarem e obterem resultados.

- A literatura de administração conhece, há muito tempo, o teorema da "amplitude de controle", que afirma que alguém só pode dirigir poucas pessoas se elas tiverem de trabalhar em conjunto (isto é, por exemplo, um contador, uma gestor de vendas e um elemento da produção, todos três tendo de trabalhar com cada um dos outros para obter resultados). Por outro lado, em uma rede de lojas, os gestores de lojas localizadas em cidades diferentes, não têm de trabalhar juntos e, por isso, qualquer número deles poderia, perfeitamente ser subordinado a um mesmo vice-presidente regional sem violar o princípio da "amplitude de controle". Seja válido ou não o teorema, não há dúvida de que, quanto maior for o número de pessoas que tenham de trabalhar juntas, tanto maior será o tempo gasto com "interações" do que em trabalho real e realização. Uma grande organização cria força usando prodigamente o tempo do gestor.

Quanto maior a organização, portanto, de tanto menos tempo o gestor realmente irá dispor. Mais importante, portanto, será, para ele, saber em que gastou o tempo e controlar o pouco tempo disponível.

Quanto mais pessoas existem em uma organização, mais frequentemente surgem necessidades de decisões sobre pessoas. Mas decisões rápidas sobre pessoal tendem a ser decisões erradas. A quantidade de tempo necessária para uma boa decisão sobre pessoal é incrivelmente grande. O que a decisão envolve só se torna claro, muitas vezes, depois que a pessoa segue a mesma trilha várias vezes.

Entre os gestores eficazes que tive a oportunidade de observar, havia pessoas que tomavam decisões rapidamente e outras que as tomavam de modo bastante vagaroso. Mas, sem exceção, as decisões sobre pessoal eram tomadas lentamente, e eles as esboçavam várias vezes antes de realmente se empenharem nelas.

- Alfred P. Sloan Jr., ex-presidente da general Motors, a maior companhia industrial do mundo, era conhecido por nunca ter tomado uma decisão sobre pessoal assim que ela chegava a ele. Antes, ele fazia um julgamento, e mesmo isso levava algumas horas, em regra. Então, alguns dias ou semanas depois, ele atacava novamente o problema, como se nunca houvesse pensado nele antes. Somente quando o mesmo nome lhe vinha duas ou três vezes em seguida, ele se propunha a levar a solução. Sloan tinha uma merecida reputação de conseguir os "vencedores"; mas, quando lhe perguntavam qual era o segredo, dizem que ele respondia: "Não há segredo algum — simplesmente reconheci que o primeiro nome que me vinha era provavelmente o nome errado — e eu, então, reiniciava todo o processo de pensamento e análise mais algumas vezes antes de agir."

Poucos gestores tomam decisões sobre pessoal que tenham tal impacto. Mas todos os gestores eficazes que tive a oportunidade de observar tinham aprendido que deviam dedicar muitas horas de raciocínio contínuo, ininterrupto a decisões sobre pessoas se queriam chegar à resposta certa.

- O diretor de um instituto de pesquisa do governo, de tamanho médio, aprendeu isso quando um dos seus mais altos administradores teve de ser afastado da função. O homem tinha mais de 50 anos de idade e estava no instituto desde que começara a trabalhar. Depois de muitos anos de bom trabalho, começou, de repente, a desempenhar mal sua função. Ele não podia, evidentemente, continuar naquela atividade. Mas, mesmo que as normas do serviço público o permitissem, não podia também ser demitido. Poderia, certamente, ser rebaixado, mas o diretor percebeu que isso destruiria o homem – e o instituto lhe devia consideração e lealdade por muitos anos de serviço produtivo e leal. Contudo, não podia ser mantido em uma posição administrativa: suas falhas eram muito óbvias e estavam, realmente, enfraquecendo todo a instituição.

  O diretor e o subdiretor consideraram a situação muitas vezes sem encontrar uma solução. Contudo, quando sentaram, em uma noite calma, e puderam dedicar três ou quatro horas, ininterruptamente ao problema, a solução "óbvia" finalmente apareceu. Era, na realidade, tão simples que nenhum deles podia explicar por que não haviam pensado nisso antes. Tirariam o homem da posição em que estava trabalhando mal e o fariam desempenhar outro trabalho que não era absolutamente necessário e que, além disso, não necessitava de uma realização administrativa que ele não era mais capaz de apresentar.

Longos períodos de tempo, contínuos e ininterruptos são necessários para decisões, tais como: quem colocar em uma comissão organizada para estudar um problema específico; que responsabilidades atribuir ao chefe de uma nova unidade da organização ou ao novo chefe de uma unidade antiga; promover para uma vaga uma pessoa que tem conhecimento de comercialização, necessário para a função, mas a quem falta treinamento técnico, ou colocar um ótimo técnico, mas sem experiência em comercialização; e assim por diante.

As decisões sobre pessoas são consumidoras de tempo pela simples razão de que o bom Deus não criou as pessoas como "elementos" para uma organização. Não vêm na medida e de modo exatos para realizarem as tarefas que têm de ser executadas na organização e também não podem ser refabricadas ou reformadas para essas tarefas. Na melhor das hipóteses, as pessoas são sempre "quase perfeitas". Para conseguir que o trabalho seja feito por elas (e não há outro elemento disponível), há, portanto, necessidade de grande quantidade de tempo, raciocínio e julgamento.

O camponês eslavo da Europa Oriental tinha um provérbio: "O que uma pessoa não tem nas pernas tem de ter na cabeça." Isso pode ser considerado como uma versão interessante da lei de conservação de energia. Mas é, acima de tudo, algo como uma "lei da conservação do tempo". Quanto mais tempo retiramos das tarefas das "pernas" – isto é, de trabalho manual, físico –, mais teremos de gastar com trabalho da "cabeça" – isto é, trabalho intelectual. Quanto mais fácil o trabalho se torna para os subordinados, tanto operadores de máquinas como escriturários, mais tem de ser feito por aquele que trabalha com o raciocínio. Não se pode "afastar o conhecimento do trabalho". Ele terá de ser recolocado em algum outro lugar – e em quantidades muito maiores e mais coesivas.

As demandas de tempo ao trabalhador intelectual não estão diminuindo. Os operadores de máquinas estão trabalhando, agora, apenas 40 horas por semana – e breve estarão trabalhando apenas 35 e vivendo melhor do que qualquer pessoa já viveu antes, por mais que tenha trabalhado e por mais rica que tenha sido. Mas o ócio do operador de máquinas tem, evidentemente, de ser pago por um número maior de horas para o que trabalha com a mente. Não são os gestores que têm problemas de gastar seu tempo de lazer nos países industriais do mundo moderno. Ao contrário, eles estão trabalhando, em todos os lugares, por mais horas e tendo maiores demandas de seu tempo a satisfazer. A escassez de tempo dos gestores tende a tornar-se sempre pior.

Uma razão importante para isso é que o alto padrão de vida pressupõe uma economia de inovação e variação. Mas inovação e variação correspondem a demandas de tempo que não são proporcionais às do gestor. Tudo o que alguém pode pensar e fazer em pouco tempo é pensar no que já se sabe e fazer aquilo que já fez.

- Tem havido muitas discussões, ultimamente, para explicar por que a economia britânica tem regredido tanto desde a Segunda Guerra Mundial. Uma das razões é, certamente, que o empresário britânico da antiga geração tentou viver tão facilmente quanto seus trabalhadores e trabalhar o mesmo número reduzido de horas. Mas isso só é possível se o negócio ou a indústria apegar-se à velha rotina estabelecida e evitar inovação e variação.

Por todas essas razões, as demandas da organização, de pessoas, de tempo para variação e inovação, tornar-se-á cada vez mais importante que os gestores sejam capazes de controlar seu tempo. Mas ninguém pode sequer pensar em controlar seu próprio tempo, a não ser que saiba em que ele é empregado.

Diagnóstico do tempo

Há muito se sabe que é preciso registrar o tempo gasto em cada atividade antes que se tente controlá-lo; ou melhor, sabemos como calcular o tempo do trabalho manual, especializado ou não, desde que a Administração Científica, em torno de 1900, começou a registrar quanto tempo de trabalho manual seria necessário para produzir uma peça. Dificilmente, um país, hoje, está tão atrasado em métodos industriais a ponto de não calcular sistematicamente o tempo utilizado na realização de cada atividade produtiva.

Aplicamos este conhecimento para atividades nas quais o tempo não é relevante, ou seja, no qual a diferença entre o tempo utilizado e o tempo perdido é principalmente eficiência e custos. Mas nós não o aplicamos para o trabalho que ganhe relevância gradativa e que particularmente tenha de lidar com o tempo: o trabalhador do conhecimento e principalmente o executivo. Aqui a diferença entre o tempo utilizado e o tempo perdido é a efetividade e os resultados.

O primeiro passo para a eficácia do gestor é, por isso, registrar o uso real do tempo.

- ■ O método específico para realizar esse registro não deve nos preocupar aqui. Há gestores que mantêm, eles mesmos, tais registros. Outros, como o presidente de companhia já mencionado, têm secretárias para fazer isso. O importante é que seja feito, e que o registro seja feito em tempo "real", isto é, no momento do acontecimento, e não mais tarde, de memória.

Muitos gestores eficazes mantêm esse registro continuamente e os consultam regularmente cada mês. No mínimo, os gestores eficazes preparam para eles mesmos o registro de três ou quatro semanas consecutivas, duas vezes por ano, como programação regular. Depois de cada um desses exemplos, eles raciocinam e refazem sua programação. Mas seis meses depois, invariavelmente, descobrem que já estão desviando para a perda de tempo, em coisas sem importância. O emprego do tempo melhora com a prática. Mas somente constantes esforços para controlar o tempo podem impedir a decadência.

O controle sistemático do tempo é, por isso, o passo seguinte. Deve-se procurar identificar as atividades não produtivas, que levam a perda de tempo, e livrar-se delas, se for possível. Isso requer fazer a si mesmo certo número de perguntas diagnosticadoras.

1 ▪ Em primeiro lugar, identificam-se e eliminam-se as coisas que não precisam ser feitas, coisas que provocam pura perda de tempo, sem resultados de espécie alguma. Para identificar essas coisas, deve-se fazer, em relação a *todas* as atividades que constarem no registro de tempo, a seguinte pergunta: "O que aconteceria se isso não tivesse sido feito em absoluto?" E, se a resposta for "Nada teria acontecido", então, obviamente, a conclusão é deixar de fazê-lo.

É de admirar quantas coisas as pessoas ocupadas estão fazendo que não fariam falta nenhuma. Há, por exemplo, inúmeros discursos, jantares, participações em comissões e diretorias que ocupam uma parte exorbitante do tempo de pessoas muito ocupadas, que raramente as apreciam ou que possam obter qualquer benefício delas, mas que são toleradas, ano após ano, como uma praga egípcia, ordenada do alto. Verdadeiramente, tudo o que uma pessoa tem de fazer é aprender a dizer "não", se uma atividade não contribui de qualquer modo para a própria organização, para a própria pessoa ou para a organização para a qual ela deve ser executada.

- O alto gestor mencionado anteriormente, que jantara fora todas as noites, verificou, quando analisou esses jantares, que pelo menos um terço deles se teria realizado da mesma maneira sem a presença de ninguém da alta administração da companhia. De fato, verificou também (para seu desconsolo) que a aceitação de um grande número desses convites não tinha sido, de modo algum, agradável aos seus anfitriões. Ele havia sido convidado por mera delicadeza. Mas eles tinham quase certeza de que ele não iria e ficaram sem saber o que fazer com ele depois que aceitou.

Ainda estou para ver um gestor, seja qual for sua posição na escala hierárquica, ou na organização, que não possa colocar no lixo aproximadamente um quarto das demandas de seu tempo, e pessoa alguma notará o seu "desaparecimento".

2 ▪ A pergunta seguinte é: "Quais das atividades do meu registro de tempo poderiam ser feitas por alguma outra pessoa, tão bem quanto por mim, ou até melhor?

- Aquele presidente de companhia, frequentador de jantares, descobriu que qualquer elemento de posição na companhia poderia substituí-lo em terça parte dos jantares formais – tudo o que se queria na ocasião era o nome da companhia na lista dos convidados.

Há muitos anos, existe uma grande discussão a respeito de "delegação" na administração. Todos os administradores, em qualquer organização – negócios, governo, universidade, Forças Armadas –, têm sido exortados a "delegar" mais. De fato, a maioria dos administradores das grandes organizações tem, eles mesmos, feito essa pregação, e mais de uma vez.

Ainda estou para ver quaisquer resultados desses sermões. A razão pela qual ninguém os ouve é simples: tal como normalmente apresentada, a delegação não faz muito sentido. Se quer significar que algum outro tem de fazer parte do *meu* trabalho", está errado. As pessoas são pagas para fazer os próprios trabalhos. E, pressupõe-se, como o sermão normal dá a entender, que o administrador mais preguiçoso é o melhor administrador; isso não é apenas tolice, é imoral.

Mas também ainda não vi nenhum gestor, defrontando-se com o seu registro de tempo, que não tenha adquirido, rapidamente, o hábito de passar para outra pessoa a responsabilidade de fazer tudo o que ele não precisa fazer pessoalmente. À primeira vista, o registro de tempo torna abundantemente claro que não há tempo suficiente para fazer as coisas que o próprio gestor considera importantes, que ele mesmo quer fazer e que ele já se empenhou em fazer. A única maneira que ele tem para se entregar às coisas importantes é "empurrar" para os outros qualquer coisa que eles possam fazer.

■ Um bom exemplo são as viagens. O professor C. Northcote Parkirson mostrou, em uma de suas deliciosas sátiras, que a melhor maneira de se "desembaraçar" de um superior inconveniente é fazer dele um viajante internacional. O avião a jato está realmente bem cotado como instrumento de gerência. Muitas viagens têm de ser feitas, mas um subordinado pode fazer a maioria delas. Viajar ainda é uma novidade para ele, que é bastante jovem para dormir uma boa noite em camas de hotel. O subordinado pode aguentar a fadiga – e executará, portanto, um melhor trabalho do que o superior mais experiente, talvez mais treinado, porém cansado.

Há, ainda, as reuniões a que tem de comparecer, muito embora nada vá acontecer nelas que outra pessoa não possa resolver. Há horas perdidas discutindo um documento, mesmo antes de existir até mesmo uma minuta que possa ser discutida. E, no laboratório de pesquisas, ainda há o tempo gasto pelo físico de alta categoria para escrever uma comunicação jornalística "popular" sobre o seu trabalho. Em contrapartida, há várias pessoas ao redor com bastante conhecimento para compreender o que o físico diz, as quais podem redigir um texto claro sobre o que o físico falou em termos de alta matemática. Em resumo, grande parte do trabalho que está sendo feita por gestores poderia ser realizada por outros, e, portanto, deveria ser feita por outros.

"Delegação", tal como o termo é usualmente empregado, é um equívoco – é, na realidade, má direção. Mas livrar-se de algo que pode ser feito por outra pessoa para que se possa fazer o próprio trabalho, não é delegação – isso é um grande melhoramento na eficácia.

3 ▪ Uma causa comum da perda de tempo está bem sob o controle do gestor e pode ser eliminada por ele. É o tempo dos outros que ele mesmo desperdiça.

Não há nenhum sintoma disso, mas ainda há um meio simples de se verificar: perguntar a outras pessoas. Os gestores eficazes aprenderam a perguntar sistematicamente e sem timidez: "O que eu faço que toma o seu tempo sem contribuir para sua eficácia?". Fazer essa pergunta, e fazê-la sem receio de ouvir a verdade, é, portanto, uma característica do gestor eficaz.

A maneira pela qual um gestor realiza um trabalho produtivo pode ainda ser uma grande perda de tempo para outra pessoa.

- O gestor financeiro de uma grande organização sabia perfeitamente bem que as reuniões em seu escritório levavam a grande perda de tempo. Esse homem convocava todos os seus subordinados para todas as reuniões, quaisquer que fossem as agendas. Como resultado, as reuniões eram excessivamente longas. E, como cada participante pensava que tinha de demonstrar interesse, todos faziam pelo menos uma pergunta – a maioria delas irrelevante. O resultado disso é que as reuniões se prolongavam. Mas o gestor-geral não sabia, até que perguntou se seus subordinados também consideravam as reuniões uma perda de tempo para eles. Consciente da grande importância que todos da organização davam a ser colocados em seu lugar e ser "devidamente informados", ele tinha receio de que os que não fossem convidados se sentissem desconsiderados e afastados. Agora, ele satisfaz "as necessidades de posição" de seus subordinados de outra maneira: envia um formulário impresso em que se lê: "Convidei os Srs. (Silva, Sousa e Carvalho) para uma reunião comigo (quarta-feira às 15 horas) no (salão de conferências do quarto andar) para discutir (o orçamento do próximo ano). Está convidado a comparecer se achar que precisa da informação ou se quiser tomar parte na discussão. Mas receberá, em breve, de qualquer maneira, um resumo da discussão e de todas as decisões tomadas, bem como uma solicitação de seus comentários a respeito."

Onde, anteriormente, comparecia uma dúzia de pessoas, durante toda a tarde, depois, passaram a se reunir três homens e uma secretária, para tomar notas, para resolverem os problemas em 1 hora ou pouco mais, sem, contudo, que ninguém se sentisse desprestigiado.

Muitos gestores sabem tudo a respeito dessas demandas de tempo improdutivas e desnecessárias, mas receiam cortá-las. Têm medo de cortar alguma coisa importante por engano. Mas esse erro, se for feito, poderá ser rapidamente corrigido. Se alguém corta rápido demais, normalmente descobre isso bastante depressa.

Todo novo presidente dos EUA aceita muitos convites logo de início. Depois, passa a desconfiar de que tem outro trabalho para realizar e que a maioria desses convites nada melhora sua eficácia. Por isso, normalmente, corta violentamente e se torna inacessível. Algumas semanas ou meses depois, a imprensa e o rádio passam a alertá-lo de que ele está "perdendo contato". Finalmente, ele em geral consegue o equilíbrio entre ser explorado sem eficácia e usar seus aparecimentos públicos como um púlpito nacional.

Na realidade, não há muito risco de que um gestor venha a fazer cortes de modo demasiado. Em geral, tendemos a superestimar, mais do que subestimar, nossa importância e a concluir que um número exagerado de coisas só podem ser feitas por nós mesmos. Mesmo os gestores mais eficazes ainda fazem um número grande demais de coisas desnecessárias e improdutivas.

Mas a melhor prova de que o perigo de cortar demais é uma fantasia é a extraordinária eficácia tantas vezes demonstrada por pessoas muito doentes e com grande incapacidade física.

- Um bom exemplo é Harry Hopkins, conselheiro confidencial do presidente Roosevelt durante a Segunda Guerra Mundial. Um moribundo, na realidade quase um homem morto, para quem cada passo era um tormento, ele só podia trabalhar algumas horas em alguns dias, se tanto. Isso o forçava a abandonar tudo, exceto os assuntos verdadeiramente vitais. Mesmo assim não perdeu a eficácia; ao contrário, ele se tornou, como Churchill o chamava, "Lord of the Heart of the Matter" (Senhor do Coração do Problema) e conseguia realizar mais do que qualquer outro na Washington do tempo de guerra.

Evidentemente, isso é um extremo; mas exemplifica não só quanto controle se pode ter sobre o próprio tempo, se quiser realmente tentar, e quanta coisa que nos faz perder tempo pode ser abandonada sem que haja perda da eficácia.

Cortar as causas de perda de tempo

Essas três perguntas diagnósticas dizem respeito a atividades improdutivas e consumidoras de tempo sobre as quais qualquer gestor tem algum controle. Todos os trabalhadores intelectuais e todos os gestores deviam fazê-las. Os administradores, também, precisam preocupar-se igualmente com perdas de tempo que resultam de administração deficiente e má organização. Uma administração deficiente faz perder o tempo de todos – mas, acima de tudo, faz o administrador perder tempo.

1 ▪ A primeira tarefa, aqui, é identificar as perdas de tempo que são decorrentes da falta de sistema e previsão. O sintoma que se deve procurar é a "crise" periódica, crise que se repete ano após ano. Uma crise que ocorre uma segunda vez é uma crise que não deve ocorrer mais.

> ▪ A crise do balanço anual pertence a este grupo. O fato de poder enfrentá-la, agora, com o computador, mais "heroicamente" e com despesas muito maiores do que o fazíamos no passado dificilmente poderá ser considerado um grande melhoramento.

Uma crise periódica deveria ser sempre prevista. Ela poderá, portanto, ou ser impedida ou reduzida a uma rotina de que os funcionários possam tratar. A definição de uma "rotina" é: o que é possível ser feito por pessoas sem habilidades especiais que, anteriormente, necessitaria de quase gênios para realizá-lo; porque a rotina coloca de modo sistemático, passo a passo, aquilo que um indivíduo muito hábil aprendeu ao superar a crise de ontem.

A crise sistemática não está circunscrita aos níveis inferiores de uma organização; aflige todos.

> ▪ Durante anos, uma companhia bastante grande sofreu uma dessas crises anualmente nas proximidades do dia 1.º de dezembro. Em negócio altamente sazonal, sendo o último trimestre o mais desfavorável do ano, era difícil prever as vendas e os lucros desse período. Apesar disso, todos os anos, a administração

fazia uma previsão de receita quando elaborava seu relatório respectivo, ao fim do segundo trimestre. Três meses após, já no quarto trimestre, havia, em toda a companhia, uma agitação tremenda, uma atuação de emergência, para poder realizar a previsão da alta administração. Por três a cinco semanas, ninguém no grupo administrativo conseguia realizar nenhum trabalho. Não foi necessário mais que uma "canetada" para resolver a crise: em vez de estabelecer um número como previsão de fim do ano, a administração está agora apresentando resultados dentro de uma faixa. Isso satisfaz plenamente os diretores, os acionistas e a comunidade financeira. E o que era uma crise há alguns anos, não é nem mesmo notado na companhia – contudo, os resultados do quarto trimestre estão sendo bem melhores do que costumavam ser, desde que o tempo do gestor não está mais sendo perdido no afã de fazer os resultados atingirem a previsão.

Antes da designação de McNamara para Secretário da Defesa dos EUA, uma crise semelhante sacudia toda a organização da defesa americana a cada primavera – ao se aproximar o fim do ano fiscal, a 30 de junho. Todo gestor, em cada um dos estabelecimentos de defesa, civil ou militar, procurava, desesperadamente, em maio e junho, achar em que gastar as verbas constantes do orçamento anual. De outro modo, ele tinha medo de ter de devolver o dinheiro que lhe havia sido dado. (Essa "orgia" de gastos de última hora era também uma doença crônica no planejamento russo.) Essa crise, porém, era totalmente desnecessária, como McNamara imediatamente percebeu. A lei sempre permitiu que as verbas não empregadas, mas necessárias, pudessem ser colocadas em contas pendentes.

A crise periódica é, simplesmente, um sintoma de desalinho e preguiça.

- ■ Há alguns anos, quando comecei como consultor, tive de aprender a distinguir um estabelecimento industrial bem dirigido de um mal dirigido – sem nenhuma pretensão de produzir conhecimento. Um estabelecimento bem dirigido, como logo aprendi, é um lugar tranquilo. Uma fábrica "dramática", uma fábrica em que o "épico da indústria" é desenvolvido ante os olhos do visitante, é uma fábrica mal dirigida. A fábrica bem dirigida é maçante. Não acontece nada excitante nela, porque as crises foram antecipadas e se converteram em rotina.

Da mesma maneira, uma organização bem dirigida é uma organização "insípida". As coisas "dramáticas" em tais organizações são decisões básicas que estabelecem o futuro, em vez de heroísmos que limpam o passado.

2 ▪ As perdas de tempo muitas vezes resultam de excesso de pessoal.

> ▪ No livro em que estudei no primeiro ano de aritmética, havia o seguinte problema: "Se dois trabalhadores levam dois dias para cavar um fosso, quanto tempo levariam quatro trabalhadores para realizar o mesmo trabalho?". Na escola, a resposta é, logicamente, "um dia". No tipo de trabalho, porém, que interessa aos gestores, a resposta correta é, provavelmente, "quatro dias", se não for "toda a vida".

Um grupo de trabalho pode, certamente, ser pequeno demais para a tarefa. E o trabalho, então, sofre, se é que será realizado. Mas isso não é a regra. Muito mais comum é o grupo de trabalho grande demais para ser eficaz; o grupo de trabalho que perde, portanto, uma parte cada vez maior de seu tempo "interagindo" em vez de trabalhar.

Há um sintoma bastante seguro de excesso de pessoal. Se o superior do grupo – e em particular o gestor – emprega mais do que uma fração pequena de seu tempo, talvez um décimo, com problemas de relações humanas, brigas e atritos, em disputas jurisdicionais e questões de cooperação e coisas semelhantes, então o grupo de trabalho é quase certamente muito grande. Uns entram pelas áreas dos outros. As pessoas se tornam um obstáculo à realização em vez de meios para alcançá-la. Em uma organização bem montada, as pessoas têm espaço para se mover sem colidirem umas com as outras, e podem realizar seu trabalho sem ter de estar explicando o que fazem durante todo o tempo.

- A desculpa para o excesso de gente é sempre a mesma: "mas temos de ter um especialista (ou um advogado de patentes, ou um economista) na organização". O especialista não está sendo muito utilizado – pode não ser usado nunca –, mas "temos de tê-lo aqui para quando for necessário". (E ele "tem sempre de estar familiarizado com nossos problemas" ou "ser parte do grupo desde o princípio"!) Devemos ter em um grupo os conhecimentos e as habilidades que são necessários todos os dias para o trabalho como um todo. Os especialistas que podem vir a ser necessários de vez em quando ou devem ser consultados sobre isso ou aquilo devem sempre permanecer fora do grupo.

É infinitamente mais barato ir a eles e consultá-los, pagando cada vez, do que tê-los no grupo – para não mencionar o impacto que uma pessoa pouco requisitada, mas supercapaz, possa causar na eficácia de todo o grupo. O que ela pode fazer é causar danos.

3 ▪ Outra causa comum para perda de tempo é a má organização. Seu sintoma é o excesso de reuniões.

As reuniões são, por definição, uma concessão à organização deficiente, pois uma pessoa ou se reúne ou trabalha. Não pode fazer as duas coisas ao mesmo tempo. Em uma estrutura idealmente planejada (porque em um mundo em modificação isso é realmente apenas um sonho) não há reuniões. Cada um sabe aquilo que deve saber para desempenhar seu trabalho e cada um tem os recursos à sua disposição para fazer o seu trabalho. Há reuniões porque as pessoas que realizam trabalhos diferentes têm de cooperar para fazer um trabalho específico. Reunimo-nos porque o conhecimento e a experiência necessários para uma situação específica não estão disponíveis em uma única mente, mas têm de ser reunidos, peça por peça, da experiência e do conhecimento de várias pessoas.

Sempre haverá um número de reuniões maior que o necessário. A organização precisará sempre de tanto trabalho em conjunto que as tentativas de cientistas bem-intencionados do comportamento para criar oportunidades para a "cooperação" poderão tornar-se, de algum modo, redundantes. Mas, se os gestores de uma organização ocupam mais do que uma parte razoavelmente pequena de seu tempo em reuniões, é sinal seguro de má organização.

Cada reunião dá origem a uma quantidade de pequenas reuniões consequentes – umas formais, outras informais, mas todas se desenvolvendo durante horas. As reuniões, portanto, precisam ser dirigidas para uma finalidade. Uma reunião sem uma finalidade específica não é apenas um incômodo; é um perigo. Acima de tudo, as reuniões têm de ser exceções, e não a regra. Uma organização em que todos se reúnem o tempo todo é uma organização em que ninguém consegue fazer nada. Sempre que um registro de tempo despendido mostra um acentuado excesso de reuniões – quando, por exemplo, os componentes de uma organização se encontram em reuniões mais do que um quarto de seu tempo –, há má organização provocadora de perdas de tempo.

- Há exceções; órgãos especiais cuja finalidade é se reunir – a diretoria, por exemplo, de companhias como a DuPont e a Standard Oil de New Jersey que são órgãos de deliberação e decisão de última instância, mas que não operam coisa alguma. Mas, como essas companhias aprenderam há muito tempo, não se permite que as pessoas que compõem tais diretorias façam nada mais – pela mesma razão, por exemplo, que não se permite que os juízes sejam também advogados em suas horas livres.

Como regra, as reuniões não devem vir a constituir a principal demanda do tempo de um gestor. Muitas reuniões indicam sempre estrutura deficiente de tarefas e composição organizacional errada. Reuniões em demasia significam que o trabalho que devia ser feito por um funcionário ou por um componente da organização está distribuído por muitos funcionários ou por muitos componentes; indicam que a responsabilidade está dispersa e que a informação não está sendo dirigida às pessoas que necessitam dela.

- Em uma grande companhia, a causa básica de uma epidemia de reuniões era a organização tradicional, mas obsoleta, da produção de energia. As grandes turbinas a vapor, o ramo tradicional de negócios da companhia, desde antes de 1900, constituíam uma divisão, com sua própria administração e seu próprio pessoal. A companhia, porém, durante a Segunda Guerra Mundial, entrou também no negócio de motores de aviação e tinha, como resultado, grande capacidade de produção de motores a jato, organizada em outra divisão, responsável pela produção de defesa e aeronaves. Finalmente, surgiu uma divisão de energia atômica, na realidade fruto dos laboratórios de pesquisas e ainda, sob o ponto de vista de organização, mais ou menos ligada a eles.

  Mas, hoje, essas três fontes de energia não estão mais separadas, cada qual com seu mercado. Cada vez mais, estão se tornando substitutas, além de complementares uma da outra. Cada uma das três é a mais econômica e mais vantajosa fonte de produção de potencial elétrico, sob certas circunstâncias. Nesse sentido são competidoras, mas, unindo-se duas delas, pode-se sempre obter capacidades de realização que nenhum único tipo de equipamento, por si só, apresenta.

O que a companhia precisava, evidentemente, era de uma estratégia de energia. Precisava decidir se iria impulsionar todos os três tipos de equipamentos geradores, em competição um com os outros; se transformaria um deles no ramo principal, considerando os outros como complementares, ou, finalmente, se desenvolveria apenas dois dos três – e quais seriam os dois – como "conjunto energético". Havia necessidade de decisão sobre como dividir o capital disponível entre os três. Acima de tudo, porém, a companhia de energia precisava de uma organização que expressasse a realidade de um mercado de energia, produzindo o mesmo produto final, eletricidade, para os mesmos consumidores. Em vez disso, havia três componentes, cada um cuidadosamente escudado contra os outros por fatores de organização, cada um tendo seus próprios métodos, rituais e suas próprias linhas de ascensão para o pessoal – e cada um satisfatoriamente confiante de que conseguiria, por si só, 75% dos negócios de energia na década seguinte.

- Como resultado, os três viviam engajados em reuniões sem fim durante anos. Como cada um era subordinado a um membro diferente da administração, essas reuniões absorviam tempo de todo o grupo. Finalmente, os três deixaram de constituir seus grupos originais e foram colocados juntos em um componente da organização, sob uma chefia única. Ainda há muita luta interna, e as grandes decisões estratégicas ainda têm de ser tomadas. Mas, pelo menos, agora, há um entendimento sobre quais são essas decisões e a alta administração não tem mais de presidir e servir de juiz em cada reunião. O tempo total de reuniões é uma fração do que costumava ser.

4 ▪ O último elemento causador de perda de tempo é o mau funcionamento da informação.

- O administrador de um grande hospital viveu durante anos importunado por chamadas telefônicas de médicos que lhe pediam um leito para um de seus pacientes que precisava ser hospitalizado. O pessoal encarregado das admissões "sabia" que não havia leito disponível, mas o administrador quase sempre achava alguns. O pessoal de admissão simplesmente não era informado imediatamente quando um paciente tinha alta. A enfermeira do andar sabia, evidentemente, e também o pessoal do escritório que apresentava a conta para o paciente que se retirava. O pessoal da admissão, contudo, mantinha um "mapa dos leitos" feito em relação à situação às 5 horas da manhã – embora a grande maioria dos pacientes tivesse alta durante a manhã, após a ronda dos médicos. Não foi preciso um gênio para resolver o problema; só foi necessária mais uma cópia da papeleta enviada pela enfermeira do andar para o escritório de admissão.

Muito pior, mas igualmente comum, é a informação dada de maneira errada.

- Empresas manufatureiras sofrem, tipicamente, com os dados de produção que têm de ser "traduzidos" antes de serem utilizados pelo pessoal operador. Transmitem "médias", isto é, informam o que os contabilistas precisam. O pessoal operador, porém, não precisa normalmente de médias, e sim de extremos e extensão – composição do produto e flutuação da produção, procura dos artigos e fatos semelhantes. Para obter o que precisam, devem despender muitas horas por dia adaptando as médias ou organizando seu próprio registro "secreto". O contabilista tem todas as informações, mas ninguém, como regra, pensou em lhe dizer o que era necessário informar.

Os defeitos de administração que causam perda de tempo, tais como excesso de pessoal, má organização e mau funcionamento da informação, podem ser rapidamente remediados. Em outros tempos, exigiria longo e paciente trabalho para corrigi-los. Os resultados de tal trabalho, porém, são grandes – e especialmente em termos de tempo ganho.

Consolidação do tempo discricionário

O gestor que registra e analisa seu tempo e, depois, tenta controlá-lo pode determinar de quanto tempo dispõe para as tarefas importantes. Quanto tempo "discricionário" realmente existe, isto é, quanto tempo há disponível para as tarefas que realmente constituirão uma contribuição?

Não será muito por mais implacavelmente que o gestor corte as causas de perda de tempo.

- Um dos controladores de tempo mais eficientes que conheci foi o presidente de um grande banco, com quem trabalhei durante dois anos na estrutura da alta administração. Encontrava-me com ele uma vez por mês naqueles dois anos. Minha visita durava sempre 1 hora e 30 minutos. O presidente estava sempre preparado para as reuniões – e, logo, aprendi a fazer o meu trabalho em casa também. Nunca havia mais do que um assunto na agenda. Mas, após 1 hora e 20 minutos, o presidente me dizia: "Sr. Drucker, creio que está na hora de chegarmos a uma conclusão e de delinearmos o que teremos de fazer em seguida." Em 1 hora e 30 minutos depois de haver entrado em seu gabinete, ele estava na porta, apertando a minha mão e dizendo adeus.

Depois que isso aconteceu por cerca de um ano, finalmente lhe perguntei: "Por que sempre 1 hora e 30 minutos?". Ele respondeu: "É fácil. Descobri que o tempo máximo que consigo concentrar minha atenção é 1 hora e 30 minutos. Se trabalho em qualquer assunto por mais tempo do que isso, começo a repetir-me. Por outro lado, aprendi que nenhum assunto importante pode ser realmente tratado em menos tempo. Ninguém consegue chegar ao ponto de entender o que está tratando".

Durante o período de uma hora e meia em que fiquei em seu gabinete todos os meses, nunca houve uma chamada telefônica, e sua secretária nunca pôs a cabeça na porta para anunciar que alguém muito importante desejava vê-lo urgentemente. Um dia perguntei-lhe sobre isso, e ele respondeu: "Minha secretária tem ordens expressas para não anunciar ninguém, exceto o presidente dos EUA e minha esposa. O presidente raramente visita alguém – e minha mulher é inteligente. Qualquer outra pessoa, minha secretária faz esperar até que eu termine. Logo após, tenho meia hora durante a qual atendo a todos os que me procuraram e asseguro-me de receber todos os recados. Ainda não encontrei nenhuma crise que não tenha podido esperar 90 minutos."

Não preciso dizer que esse presidente conseguia muito mais com essas sessões mensais do que muitos outros gestores, igualmente capazes, obtêm em um mês de reuniões.

Mas mesmo esse homem disciplinado tem de se resignar a utilizar pelo menos a metade de seu tempo em situações de menor importância e de valor dúbio, que, contudo, têm de ser feitas – receber clientes importantes que tenham aparecido, assistir a reuniões que teriam o mesmo resultado sem a presença dele; tomar decisões específicas em problemas diários que jamais deviam ter chegado a ele, mas que invariavelmente chegaram.

Sempre que encontro um alto gestor dizendo que mais da metade de seu tempo está sob controle e que é realmente tempo "discricionário", que ele usa de acordo com seu próprio julgamento, fico certo de que ele não sabe em que emprega o tempo. Altos gestores raramente dispõem de tanto quanto um quarto de seu tempo verdadeiramente à sua disposição e critério para assuntos importantes; assuntos que contribuem, assuntos para os quais está sendo pago. Isso é verdadeiro em todas as organizações – salvo nas repartições do governo, em que as demandas de tempo improdutivas aos mais altos funcionários tendem a ser ainda mais amplas do que nas grandes organizações.

Quanto mais bem-posicionado estiver um gestor, maior é a proporção de tempo que não está sob seu controle e, ainda, não utilizada para qualquer contribuição. Quanto maior a organização, tanto mais tempo será necessário apenas para mantê-la reunida e trabalhando do que para funcionar e produzir.

O gestor eficaz, portanto, sabe que tem de consolidar seu tempo discricionário. Ele sabe que precisa de grandes períodos de tempo e que pouco tempo não é tempo para nada. Mesmo um quarto do seu dia de trabalho, se consolidado em grandes unidades de tempo, é, em geral, suficiente para fazer que as coisas importantes sejam realizadas. Mas mesmo três quartos do dia de trabalho são inúteis se somente pequenos períodos de 15 minutos ou meia hora estiverem disponíveis.

O passo final no controle do tempo é, portanto, consolidar o tempo que o registro e a análise mostram como normalmente disponível e sob o controle do gestor.

Há muitos meios de se fazer isso. Algumas pessoas, normalmente pessoas em altos postos, trabalham em casa uma vez por semana;

esse é um método particularmente comum de consolidação de tempo para coordenadores e cientistas de pesquisa.

Outros programam todo o trabalho operacional – reuniões, revisões, estudos de problemas etc. – para dois dias na semana, por exemplo, segundas e sextas-feiras, e deixam as manhãs dos outros dias para trabalho contínuo e firme nos problemas principais.

- Era assim que o presidente do banco distribuía seu tempo. Nas segundas e sextas-feiras, tinha suas reuniões sobre operações, recebia os gestores mais graduados para assuntos correntes, estava disponível para clientes importantes e coisas semelhantes. As tardes de terças, quartas e quintas-feiras eram mantidas sem programa – para qualquer necessidade; e sempre acontecia alguma coisa, fossem problemas pessoais urgentes, a visita extemporânea de um dos representantes do banco no exterior ou de um cliente importante, ou uma viagem a Washington. Mas, para as manhãs desses três dias, ele programava o trabalho em assuntos importantes – em períodos de 90 minutos para cada um.

Outro método bastante comum é programar um período de trabalho diário em casa pela manhã.

- Um dos gestores mais eficazes do estudo do professor Sune Carlson, mencionado antes, passava 90 minutos, todas as manhãs, antes de ir para o trabalho, fechado em um gabinete sem telefone. Mesmo que isso signifique trabalhar muito cedo, de maneira a chegar ao escritório em tempo, é preferível ao modo mais comum de tratar de trabalho importante: levá-lo para casa à noite e ocupar-se com ele durante 3 horas após o jantar. Nessa hora, a maior parte dos gestores está demasiadamente cansada para fazer um trabalho proveitoso. É evidente que os de meia-idade ou mais velhos farão muito melhor indo mais cedo para a cama e levantando mais cedo. E a razão pela qual as noites de trabalho em casa são tão populares é, na realidade, seu pior aspecto: ele permite que o gestor meça e controle seu tempo durante o dia.

Mas o método pelo qual as pessoas consolidam seu próprio tempo discricionário é muito menos importante do que o modo pelo qual o encaram. A maioria ataca o trabalho procurando empurrar juntos os assuntos secundários, menos produtivos, criando, assim, um espaço livre entre eles. Isso, contudo, não leva muito longe. As pessoas ainda dão prioridade, em seu pensamento e em seu programa, às coisas menos importantes, coisas que têm de ser feitas, embora contribuam com muito pouco. Assim, qualquer nova pressão de tempo tende a ser satisfeita a expensas do tempo discricionário e do trabalho que deveria ser feito durante o mesmo. Em poucos dias ou semanas, todo o tempo discricionário ter-se-á evaporado novamente, despedaçado por novas crises, novas urgências, novas trivialidades.

Os gestores eficazes começam por estimar quanto tempo discricionário podem realisticamente considerar como seu mesmo. Depois, põem de lado um tempo contínuo em quantidade apropriada. E, se verificam mais tarde que outros assuntos se incrustam nessa reserva, estudam novamente seu registro e libertam-se de algumas outras demandas de tempo feitas por atividades que não sejam totalmente produtivas. Sabem, como já dissemos, que ninguém corta exageradamente.

E todos os gestores eficazes controlam perpetuamente seu emprego de tempo. Não apenas mantêm um registro contínuo e o analisam periodicamente, mas estabelecem, para si mesmos, limites para as atividades importantes, fundamentadas em seu julgamento do tempo discricionário. Um homem altamente eficaz, meu conhecido, mantém duas dessas listas – uma das coisas urgentes e outra das desagradáveis que têm de ser feitas – cada uma com um limite.

- Quando ele percebe seus limites deslizando, sabe que seu tempo está novamente lhe fugindo.

O tempo é o elemento mais escasso, e, se não for controlado, nada mais poderá sê-lo. A análise do próprio tempo, além disso, é o único caminho facilmente acessível, sistemático de analisar o próprio trabalho e de descobrir o que é realmente importante nele.

"Conhece-te a ti mesmo", a velha prescrição para a sabedoria, é quase impossível de se concretizar para os mortais. Mas qualquer um pode seguir o preceito "Conhece o teu tempo", se o quiser, e ficar no bom caminho em direção à contribuição e à eficácia.

3

Com que Posso Contribuir?

- O PRÓPRIO APRISIONAMENTO DO GESTOR, 75
- COMO TORNAR EFICAZ O ESPECIALISTA, 82
- AS RELAÇÕES HUMANAS CORRETAS, 85
- A REUNIÃO EFICAZ, 91

O GESTOR EFICAZ FOCA A CONTRIBUIÇÃO. ELE LEVANTA OS OLHOS DE SEU TRABALHO E OLHA PARA FORA, PARA OS OBJETIVOS. E PERGUNTA: COM QUE POSSO CONTRIBUIR PARA AFETAR, SIGNIFICATIVAMENTE, O DESEMPENHO E OS RESULTADOS DA INSTITUIÇÃO A QUE SIRVO? SUA ÊNFASE É NA RESPONSABILIDADE.

- O foco na contribuição é a chave da eficácia – no trabalho de uma pessoa, seu conteúdo, seu nível, seus padrões e seus impactos; em suas relações com os outros, seus superiores, seus pares, seus subordinados; em seu uso dos instrumentos do gestor, tais como reuniões e relatórios.

A grande maioria dos gestores tende a focar sua atenção para baixo. Eles estão ocupados com esforços mais do que com resultados. Preocupam-se com o que a organização e seus superiores lhe "devem" e têm de fazer por ele. E são cônscios, acima de tudo, da autoridade que deveriam ter. O resultado é que se tornam ineficazes.

- O presidente de uma grande empresa de consultoria sempre inicia o trabalho com um novo cliente despendendo alguns dias em visita aos altos gestores da organização do cliente, um a um. Depois de ter conversado sobre a finalidade e a organização, sua história e o seu pessoal, ele pergunta (embora, raramente com estas palavras, é lógico): "O que *você* faz que justifica sua presença na folha de pagamento?". E conta que a grande maioria responda: "Dirijo o departamento de contabilidade." ou "Sou encarregado do pessoal de vendas". E, mesmo não sendo tão fora do comum, há a resposta: "Tenho 850 pessoas trabalhando sob minha direção". Muito poucos dizem: "Minha função é dar aos nossos chefes a informação de que eles precisam para as decisões corretas" ou "Sou responsável pela descoberta de quais os produtos que o consumidor desejará amanhã" ou "Tenho de prever e preparar as decisões que o presidente terá de enfrentar amanhã".

O homem que foca os esforços e que enfatiza sua autoridade sobre os que estão abaixo dele é um subordinado, independentemente do quão elevado seja seu título ou sua posição. Mas o homem que foca a contribuição e que toma responsabilidade pelos resultados, por mais jovem que seja, faz parte, no mais literal sentido da expressão, da "alta administração". Ele se julga responsável pelo desempenho do conjunto.

■ O PRÓPRIO APRISIONAMENTO DO GESTOR

O foco na contribuição tira a atenção do gestor de sua própria especialização, de suas estreitas habilidades, do seu próprio departamento, na direção do desempenho do conjunto. Transfere sua atenção para o exterior, o único âmbito em que há resultados. Ele talvez tenha de prever o relacionamento de suas habilidades, sua especialidade, sua função, ou seu departamento com toda a organização e com *suas* finalidades. Por isso, ele também terá de pensar em termos de cliente, consumidor ou paciente, que, em última análise, é a própria razão de tudo quanto a organização produz, sejam bens econômicos, política governamental ou serviços médicos. Em consequência, o que ele faz, e o modo como o faz, será materialmente diferente.

■ Uma grande agência científica do governo dos EUA descobriu isso há alguns anos. O antigo diretor de publicações se aposentou. Tinha trabalhado lá desde a sua inauguração, na década de 1930, e não era cientista nem escritor. As publicações que distribuía eram muitas vezes criticadas pela falta de polimento profissional. Foi substituído por um completo escritor científico. As publicações tomaram, imediatamente, uma feição extremamente profissional, mas a comunidade científica para a qual essas publicações eram dirigidas deixou de lê-las. Um cientista universitário altamente respeitado que tinha trabalhado durante muitos anos com a agência disse finalmente ao administrador: "O diretor anterior escrevia *para* nós; seu novo encarregado escreve *sobre* nós". O antigo diretor tinha feito a pergunta. "Com que posso contribuir para os resultados dessa agência?". A resposta tinha sido: "Posso causar interesse nos jovens cientistas do exterior pelo nosso trabalho, posso fazê-los querer trabalhar para nós." Por isso, dava ênfase aos maiores problemas, às maiores decisões e até às mais importantes controvérsias existentes na agência. Isso o tinha posto em choque com o administrador. Mas o velho havia fincado pé. "O teste para nossas publicações não é saber se gostamos delas; o teste é a quantidade de jovens cientistas que nos escreve pedindo emprego e a capacidade deles", dizia.

A pergunta "Com que posso contribuir?" significa procurar o potencial sem uso em determinada função. E o que é considerado desempenho excelente em muitas posições é, várias vezes, uma pálida sombra do potencial total de contribuição da função.

- O departamento de títulos de um grande banco comercial americano é, em geral, considerado atividade lucrativa, mas vulgar. Esse departamento age, cobrando uma taxa, como registrador e agente de transferência de ações para as sociedades anônimas. Mantém o registro dos nomes dos acionistas, prepara e envia os cheques dos dividendos e realiza uma quantidade de trabalhos burocráticos semelhantes – todos exigindo alta precisão e eficácia, mas, raramente, grande imaginação.

  Assim parecia até que um novo vice-presidente do departamento de um grande banco de Nova York fez a seguinte pergunta: "Com que o departamento pode contribuir?". Então, verificou que o trabalho o punha em contato direto com os altos gestores financeiros dos clientes do banco, os que tomavam as "decisões de compra" de todos os serviços bancários – depósitos, empréstimos, investimentos, gerência de fundos de pensões e outros. É evidente que o departamento de títulos tem de ser dirigido de modo eficaz, mas, como verificou o novo vice-presidente, seu maior potencial era como um corpo de vendas para todos os serviços do banco. Sob seu novo dirigente, o departamento, anteriormente um eficiente encaminhador de papéis, tornou-se uma bem-sucedida força de comercialização para todo o banco.

Os gestores que não se perguntam "Com que posso contribuir?" estão não só se inclinando a um alvo muito baixo, como também estão apontando para as coisas erradas. Acima de tudo, podem definir sua contribuição muito estreitamente.

"Contribuição", como demonstram as duas situações apresentadas, pode ter significados diferentes, pois cada organização necessita de desempenho em três grandes aspectos: precisa de resultados diretos; construção de valores e sua reafirmação; e construção e desenvolvimento de pessoas para o futuro. Se privada de desempenho em qualquer um desses aspectos, decairá e morrerá. Todos os três, portanto, têm de ser construídos na contribuição de cada gestor. Mas sua importância relativa varia amplamente com a personalidade e a posição do gestor, bem como com as necessidades da organização.

Os resultados diretos de uma organização são claramente visíveis, em geral. Em negócios, são os resultados econômicos, tais como vendas e lucros. Em um hospital, são os cuidados com os doentes. Mas até os resultados diretos são totalmente sem ambiguidade, como o exemplo do vice-presidente do departamento de títulos do banco pode ilustrar. E, quando há confusão sobre o que eles podem ser, não há resultados.

- Um exemplo é o desempenho (ou, melhor, a falta de desempenho) das linhas aéreas nacionalizadas da Inglaterra. Devem funcionar como um negócio, mas também devem funcionar como um instrumento da política nacional britânica e de coesão da Comunidade Britânica. Mas têm funcionado, em grande parte, para manter viva a indústria aeronáutica britânica. Fracionadas entre três diferentes conceitos de resultados diretos, elas têm realizado muito pouco em relação a qualquer dos três.

Os resultados diretos sempre vêm primeiro. No cuidado e na alimentação de uma organização, eles fazem o mesmo papel das calorias na nutrição do corpo humano. Mas qualquer organização também necessita de um empenho de valores e sua constante reafirmação, tal como o corpo humano precisa de vitaminas e minerais. Tem de haver algo pelo que "esta organização luta", ou ela irá se degenerar em desorganização, confusão e paralisia. Em um negócio, o empenho de valor pode ser de liderança técnica ou (como na Sears Roebuck) de procura dos bens e serviços apropriados para a família americana e na obtenção deles pelo menor preço e da melhor qualidade.

Empenhos de valores, como os resultados, não são evidentes.

- O Departamento de Agricultura dos EUA ficou, por muitos anos, dividido entre dois empenhos de valores fundamentalmente incompatíveis – um, a produtividade agrícola e, o outro, a "fazenda familiar", como a "espinha dorsal da nação". O primeiro estava conduzindo o país para a agricultura industrial, altamente mecanizada, altamente industrializada e essencialmente um empreendimento comercial em grande escala. O último apelava para a saudade, apoiando um proletariado rural não produtivo. Mas como a política agrícola – pelo menos até muito recentemente – tem variado entre dois diferentes empenhos de valores, tudo o que realmente conseguiu foi gastar quantidades enormes de dinheiro.

Organização é, em grande parte, um meio de se sobrepor às limitações que a mortalidade estabelece para aquilo com que uma pessoa pode contribuir. Uma organização que não seja capaz de perpetuar-se é porque falhou. Uma organização, portanto, tem de prover, hoje, os homens que poderão dirigi-la amanhã. Tem de renovar seu capital humano. Deveria constantemente elevar seus elementos humanos. A geração seguinte tem de aceitar o que o trabalho duro e a dedicação dessa geração conseguirem realizar. Ela deveria, então, sobre os ombros de seus predecessores, estabelecer um novo "nível" como linha de partida para a geração seguinte.

Uma organização que apenas perpetua o nível atual de visão, excelência e realização é porque perdeu sua capacidade de adaptar-se, e, como a única coisa certa nos negócios humanos é a mudança, não será capaz de sobreviver em um futuro alterado.

O foco do gestor na contribuição é, em si, uma poderosa força de desenvolvimento das pessoas. Estas se ajustam ao nível das demandas que lhes fazem. O gestor que ajusta sua visão na contribuição eleva a visão e os padrões de todos aqueles com quem trabalha.

- Um novo administrador de hospital, ao conduzir sua primeira reunião com o pessoal, pensou que um assunto bastante difícil tinha sido resolvido com a aprovação de todos, quando um dos participantes perguntou, subitamente: "Isto satisfará à enfermeira Bryan?". Imediatamente, a discussão recomeçou e só terminou quando uma nova e muito mais ambiciosa solução para o problema foi conseguida.

O administrador ficou sabendo que a enfermeira Bryan tinha sido enfermeira do hospital por longos anos. Não havia sido particularmente destacada, não tendo nem mesmo chegado a ser supervisora. Mas sempre que uma decisão tinha de ser tomada no andar cujos pacientes estavam sob os cuidados da enfermeira Bryan, ela perguntara: "Estamos fazendo o melhor que podemos para ajudar este paciente?". Os doentes do andar da enfermeira Bryan passavam melhor e recuperavam-se mais rapidamente. Gradualmente, com o passar dos anos, o hospital inteiro tinha aprendido a adotar o que veio a ser conhecido como a "norma da enfermeira Bryan"; aprendera, em outras palavras, a perguntar: "Estamos realmente dando a melhor contribuição para a finalidade deste hospital?".

Muito embora a enfermeira Bryan tivesse se aposentado havia já dez anos, os padrões que ela estabelecera ainda influenciavam as pessoas que, em termos de treinamento e posição, eram seus superiores.

Empenho em contribuição é empenho em eficácia responsável. Sem ele, um homem se amesquinha, despoja sua organização e rouba as pessoas com quem trabalha.

A causa mais comum do fracasso do gestor é a incapacidade e falta de vontade de se modificar diante das exigências de uma nova posição. O gestor que continua a fazer aquilo que sempre fez com sucesso antes da mudança está, quase certamente, destinado a fracassar. Não apenas os resultados mudam para o que sua contribuição deve dirigir-se, a importância relativa entre as três dimensões de desempenho também muda. O gestor que não nota isso está, de repente, fazendo as coisas erradas, pelo modo errado – mesmo que faça exatamente o que, em seu trabalho anterior, tinha sido a coisa certa, feita pelo modo certo. Essa foi a principal razão para o fracasso de tantos homens capazes como gestores na Washington da Segunda Guerra Mundial. Aquela Washington era "política" ou aqueles homens, que sempre agiram por si mesmos, viram-se como "dentes de uma grande máquina", no máximo fatores contribuintes. Muitos homens demonstraram ser gestores altamente eficazes em Washington, embora não tivessem nenhum senso político ou nunca tivessem trabalhado em uma organização maior que um escritório de advocacia. Robert E. Sherwood, um administrador muito eficaz no grande Departamento de Informações de Guerra (e autor de um dos mais compreensíveis livros sobre eficácia no poder),* era um teatrólogo cuja "organização" anterior consistia em sua mesa e sua máquina de escrever.

Os homens que vieram para a Washington do tempo de guerra tinham como foco a contribuição. Por isso, modificaram não somente o que faziam, como o peso relativo que davam a cada uma das dimensões de valores em seu trabalho. Os fracassos foram muito mais sensíveis em muitos casos. Mas isso não foi desafio para eles, e eles falharam ao não ver a necessidade de reorientar seus esforços.

- Um exemplo admirável de sucesso foi o homem que, já com 60 anos, tornou-se o presidente de uma grande rede nacional de lojas. Este homem havia sido o segundo na companhia por 20 anos ou mais. Servira, satisfeito, sob as ordens de um chefe dinâmico, que era, na realidade, muitos anos mais jovem, e ele nunca esperara tornar-se presidente. Mas o patrão morreu repentinamente, ainda com cerca de 50 anos, e o fiel auxiliar teve de assumir a direção.

    O novo presidente tinha sido o responsável pelas finanças e estava à vontade no meio dos números – sistema de custos, compras e estoques, financiamento de novas lojas, estudos de transporte de mercadorias etc. As pessoas eram, para ele, uma abstração. Mas, quando se viu presidente, perguntou-se: "O que eu, e ninguém mais, posso fazer que, se fizer bem-feito, representará uma real diferença para esta companhia?". A única contribuição

---

* *Roosevelt and Hopkins* (Nova York, Harper, 1948).

realmente significativa, concluiu, seria a formação dos gestores de amanhã. A companhia se orgulhava, desde anos, de sua política de desenvolvimento de seus gestores. "Mas", argumentou o novo presidente, "uma política não vale nada por si mesma. Minha contribuição será assegurar que ela realmente aconteça".

Desde então, até o fim de sua gestão, ele passava pelo departamento pessoal três vezes por semana quando voltava do almoço e apanhava oito ou dez fichas dos jovens que havia no grupo de supervisão. De volta ao gabinete, ele olhava rapidamente os documentos referentes ao primeiro e chamava, pelo telefone, o superior dele. "Sr. Robertson, aqui é o presidente em Nova York. O senhor tem entre seus auxiliares um jovem, Joe Jones. O senhor não recomendou, há seis meses, que ele fosse para um lugar onde pudesse adquirir alguma experiência sobre comercialização? O senhor fez. Por que o senhor não fez mais nada a respeito disso?". E o telefone era desligado.

Vista a documentação de outro, chamaria outro gestor em outra cidade. "Sr. Smith, aqui é o presidente em Nova York. Ouvi dizer que o senhor havia recomendado um jovem auxiliar seu, Dick Roe, para um lugar onde ele pudesse aprender algo sobre contabilidade da loja. Verifiquei que o senhor insistiu sobre essa recomendação e quero dizer-lhe o quanto me satisfaz vê-lo trabalhando para o progresso de nossos jovens."

Esse homem ocupou a presidência apenas alguns anos, antes de se aposentar. Mas hoje, dez ou 15 anos depois, gestores que nunca o conheceram atribuem-lhe, e com inteira justiça, o tremendo desenvolvimento e sucesso da companhia desde o seu tempo.

■ O fato de também haver perguntado a si mesmo: "Com que posso contribuir?" parece explicar, em grande parte, a extraordinária eficácia de Robert McNamara como Secretário da Defesa dos EUA – uma posição para a qual ele estava completamente despreparado quando o presidente Kennedy, no outono de 1960, retirou-o da Ford Motor Company e o colocou no mais difícil posto ministerial.

McNamara, que na Ford tinha sido um homem que se voltou para dentro da empresa, era, por exemplo, totalmente inocente em política e tentou deixar a ligação com o Congresso a cargo de seus auxiliares. Mas, após algumas semanas, verificou que o Secretário da Defesa dependia da compreensão e do apoio do Congresso. Em consequência, ele se forçou a fazer o que, para um homem tão avesso à publicidade e à política, deve ter sido difícil e desagradável: procurar o Congresso, começar a conhecer as pessoas influentes nas comissões e a adquirir competência na estranha arte das lutas internas do Congresso.

Talvez não tenha conseguido um sucesso completo em suas relações com o Legislativo, mas fez mais e muito melhor do que qualquer um de seus antecessores.

A história de McNamara mostra que, quanto mais alta a posição de um gestor, tanto maior será a presença exterior de sua contribuição. Ninguém mais poderá, em regra, mover-se livremente do exterior.

- A maior deficiência, talvez, da atual geração de presidentes de universidades nos EUA é sua focalização interior na administração, em levantamento de fundos, e coisas semelhantes. Contudo, nenhum outro administrador em uma grande universidade é tão livre para estabelecer contato com os estudantes, que são os clientes da universidade; o afastamento dos estudantes da administração é, certamente, o principal fator do mal-estar entre os estudantes, que originou, por exemplo, os tumultos de Berkeley, na Universidade da Califórnia, em 1965.

Como tornar eficaz o especialista

É particularmente importante para aquele que realiza um trabalho intelectual focar a contribuição. Somente isso poderá capacitá-lo a contribuir.

Ele não produz "uma coisa", mas, sim, ideias, informações e conceitos.

Além disso, ele é também, geralmente, um especialista. De fato, ele pode, em regra, ser eficaz somente se tiver aprendido a fazer uma coisa muito bem, isto é, se tenha se especializado. Em si mesma, porém, uma especialidade é um fragmento e é estéril. Sua produção tem de ser posta junta a de outros especialistas, antes de produzir resultados.

A tarefa não é alimentar não especialistas. Consiste em tornar o especialista capaz de tornar-se eficaz, assim como tornar sua especialidade eficaz. Isso significa que ele deve prever quem deve usar sua produção e o que o usuário precisa saber e compreender para tornar produtivo o fragmento que o especialista produz.

■ Está popularizada hoje a suposição de que nossa sociedade está dividida em "cientistas" e "leigos". Assim, é fácil exigir do leigo que aprenda um pouco do conhecimento do cientista, sua terminologia, seus instrumentos etc. Mas, se a sociedade foi, alguma vez, dividida dessa maneira, isso ocorreu há cem anos. Hoje, quase todos na organização moderna são especialistas com alto grau de conhecimento especializado, cada um com seus próprios instrumentos, interesses e vocabulário. E as ciências, por sua vez, fragmentaram-se a ponto de um tipo de físico achar difícil compreender aquilo em que outro físico está trabalhando.

O contabilista de custos é tão "cientista" quanto o bioquímico sob o ponto de vista de que ele tem sua área especial de conhecimento, com suas próprias posições, seus próprios interesses e sua própria linguagem. E, assim, também são o pesquisador de mercado e o operador de computador, o elaborador de orçamentos da repartição do governo e o psiquiatra no hospital. Cada um deles tem de ser entendido pelos outros antes de se tornar eficaz.

O intelectual sempre foi considerado responsável por se fazer entendido. É uma arrogância bárbara presumir que o leigo possa ou deva fazer esforços para entendê-lo e que é suficiente que o intelectual se dirija apenas a poucas pessoas semelhantes a ele. Mesmo na universidade ou no laboratório de pesquisas, essa atitude – infelizmente tão comum hoje – condena o técnico à inutilidade e transforma seu conhecimento de aprendizado em pedantismo. Se uma pessoa deseja ser gestor, isto é, se quer ser considerada responsável por sua contribuição, tem de se preocupar com a possibilidade de uso de seu "produto", isto é, seu conhecimento.

Gestores eficazes sabem disso, porque são imperceptivelmente conduzidos por sua orientação ascendente a descobrir do que os outros necessitam, o que os outros veem, o que os outros entendem. Gestores eficazes se veem perguntando a outras pessoas da organização, seus superiores, seus subordinados, mas, acima de tudo, a seus colegas em outros ramos: "Qual a contribuição que você precisa de mim para dar a *sua* contribuição para a organização? Quando você necessita dela, como necessita e de que modo?"

- Se o contabilista de custos, mencionado no Capítulo 2, tivesse feito essas perguntas, logo teria descoberto que as suas suposições – óbvias para ele – eram totalmente desconhecidas para os que teriam de usar seus números. Ele, em breve, descobriria quais os números importantes para ele que eram irrelevantes para o pessoal operador, e quais eram os números quase não vistos por ele e raramente relatados que os outros necessitavam todos os dias.

O bioquímico que faz essa pergunta em uma companhia farmacêutica verificará logo que os clínicos podem usar as descobertas do bioquímico somente se apresentadas em sua linguagem, em vez de o ser em termos bioquímicos. Os clínicos, porém, ao decidirem colocar a nova composição em prova clínica ou não, decidem se o produto da pesquisa do bioquímico terá algum dia a oportunidade de se tornar um novo medicamento.

O cientista do governo que tem como foco a contribuição verificará logo que tem de explicar ao encarregado da orientação e diretrizes gerais onde *pode* conduzir um aperfeiçoamento científico; terá de fazer algo proibido, em regra, aos cientistas, isto é, especular sobre o resultado de uma linha de pesquisa científica.

A única definição significativa de um "generalista" é ser um especialista que pode relacionar sua pequena área ao universo do conhecimento. Talvez muito poucas pessoas tenham conhecimentos em mais do que poucas e pequenas áreas. Mas isso não os torna "generalistas". Torna-os especialistas em várias áreas. E as pessoas podem ser tão intolerantes em três áreas quanto em uma única. O homem, contudo, que toma responsabilidade por sua contribuição relacionará sua pequena área a um todo genuíno. Não poderá jamais ser capaz de integrar uma quantidade de áreas de conhecimento em uma única. Mas muito rapidamente compreenderá que tem de aprender bastante sobre as necessidades, as direções, as limitações e as percepções dos outros para torná-los aptos a usar seu próprio trabalho.

Mesmo que isso não o faça apreciar a riqueza e a excitação da diversidade, oferece imunidade contra a arrogância dos conhecedores; é essa doença degeneradora que destrói o conhecimento e o priva de beleza e eficácia.

As relações humanas corretas

Os gestores em uma organização não têm boas relações humanas porque têm um "talento para pessoas", mas, sim, porque focam a contribuição em seu trabalho e em seus relacionamentos com os outros. Em consequência, suas relações são produtivas – e esta é a única definição válida de "boas" relações humanas. Bons sentimentos e palavras agradáveis são sem sentido; são, na verdade, uma fachada falsa para atitudes mesquinhas se não houver realização no que é, afinal, um relacionamento focado no trabalho, na tarefa. Por outro lado, uma palavra dura ocasional não perturbará um relacionamento que produz resultados e realizações para todos os interessados.

- Se eu tivesse de indicar os homens que, a meu ver, tinham as melhores relações humanas, eu nomearia três: o general George C. Marshall, Chefe do Estado Maior do Exército Americano na Segunda Guerra Mundial; Alfred P. Sloan Jr., presidente da

General Motors do início da década de 1920 até meados da de 1950; e um dos sócios mais categorizados de Sloan, Nicholas Dreystadt, o homem que fez o Cadillac, o carro de luxo de mais sucesso em meio a depressão (e que poderia muito bem ter sido o presidente da General Motors durante a década de 1950, se não tivesse morrido, prematuramente, logo após a Segunda Guerra Mundial).

Eram tão diferentes quanto homens o podem ser: Marshall, o soldado profissional, austero, dedicado, mas com grande e tímido encanto; Sloan, o administrador, reservado, educado e muito distante; e Dreystadt, ardoroso, borbulhante e, superficialmente, um típico artífice alemão na tradição da "Velha Heidelberg". Cada um deles inspirava profunda devoção, na verdade real afeição, em todos aqueles que trabalhavam para eles. Todos três, de três maneiras diferentes, estruturaram seu relacionamento com as pessoas – seus superiores, colegas e subordinados – fundamentados na contribuição. Todos três, necessariamente, trabalharam em contato íntimo com as pessoas e pensavam muito nelas. Todos três tiveram de tomar decisões cruciais a respeito de "pessoas". Contudo, nenhum deles se preocupava com "relações humanas" – eles confiavam nelas.

O foco na contribuição, por si mesma, oferece os quatro requisitos básicos de relações humanas eficazes:

- comunicabilidade
- trabalho de equipe
- autodesenvolvimento
- desenvolvimento dos outros.

1 • Comunicabilidade tem estado no centro da atenção dos administradores durante os últimos 20 anos ou mais. Nos negócios, na administração pública, nas Forças Armadas, nos hospitais e, em outras palavras, em todas as maiores instituições da sociedade moderna, tem havido muita preocupação com a comunicabilidade.

Os resultados, até o presente, têm sido bem pequenos. A comunicabilidade está, seguramente, hoje tão pobre quanto há 20 ou 30 anos, quando, pela primeira vez, compreendemos que a organização moderna necessita de uma comunicação adequada.

Mas estamos começando a compreender por que esse esforço maciço na comunicabilidade não tem produzido resultados.

Temos trabalhado em comunicação *para baixo*: dos administradores para os empregados, do superior para o subordinado. Mas as comunicações são praticamente impossíveis se forem baseadas no relacionamento para baixo. Isso viemos a aprender com nosso trabalho na teoria da percepção e das comunicações. Quanto mais o superior se esforça para dizer algo ao seu subordinado, tanto mais provavelmente o subordinado entenderá mal. Ele ouvirá aquilo que quer ouvir, e não o que está sendo dito.

Mas os gestores que tomam responsabilidade pela contribuição em seu próprio trabalho exigirão, em regra, que seus subordinados também assumam responsabilidade. Eles tenderão a perguntar aos seus homens: "Quais são as contribuições pelas quais esta organização e eu, seu superior, deveríamos considerá-lo responsável? O que poderíamos esperar de você? Qual é o melhor uso de seu conhecimento e de sua capacidade?". A partir disso, a comunicabilidade se torna possível, torna-se realmente fácil.

Uma vez que o subordinado tenha pensado na contribuição que dele se espera, o superior tem, certamente, não só o direito, como a responsabilidade, de julgar a validade das contribuições propostas.

- De acordo, com nossa experiência, os objetivos estabelecidos pelos subordinados para eles mesmos não são, quase nunca, aquilo que o superior pensava que deveria ser. Os subordinados, os mais jovens, em outras palavras, veem a realidade de modo muito diferente. E, quanto mais capazes forem, tanto mais desejosos de assumir responsabilidades; tanto mais a sua percepção da realidade e de suas necessidades e oportunidades objetivas diferirão do ponto de vista de seu superior ou de sua organização. Mas qualquer discrepância entre suas conclusões e o que esperam seus superiores destaca-se fortemente.

Quem está certo em tal diferença não é, em regra, importante, porque uma comunicação eficaz, em termos significativos, já foi estabelecida.

2 ▪ O foco na contribuição conduz à comunicabilidade lateral e, assim, torna possível o trabalho de equipe.

A pergunta "Quem tem de utilizar minha produção para que ela se torne eficaz?" mostra, imediatamente, a importância das pessoas que não estão na linha de autoridade, seja para cima, seja para baixo, de e para o gestor individual. Ela sublinha o que é a realidade de uma organização do conhecimento: o trabalho eficaz é realmente feito por equipes de pessoas de diferentes conhecimentos e habilidades; essas pessoas têm de trabalhar juntas, voluntariamente e de acordo com a lógica da situação e as demandas da tarefa, mais do que de acordo com uma estrutura jurisdicional formal.

- No hospital – talvez a mais complexa das organizações do conhecimento modernas –, por exemplo, enfermeiras, nutricionistas, fisioterapeutas, médicos e técnicos em raios X, farmacêuticos e vários outros profissionais de saúde têm de trabalhar com o mesmo paciente com o mínimo de comando ou controle consciente de qualquer um. Em contrapartida, têm de trabalhar juntos para um fim comum e ao longo de plano de ação geral: a receita do médico relativa ao tratamento. Em termos de estrutura organizacional, cada um desses profissionais de saúde é subordinado ao seu próprio chefe. Cada um deles "trabalha em termos de seu próprio campo de conhecimentos altamente especializado, isto é, como um "profissional". Mas cada um deles tem de manter os outros informados a respeito da situação específica, das condições e das necessidades de um indivíduo. De outro modo, seus esforços conduzirão, mais provavelmente, a danos que a benefícios.

Em um hospital em que o foco na contribuição se tornou hábito enraizado, não há quase dificuldade na obtenção de tal trabalho de equipe. Em outros hospitais, essa comunicação lateral e essa espontânea auto-organização de equipes focadas na tarefa não ocorre; apesar dos frenéticos esforços para conseguir comunicação e coordenação, mediante toda a sorte de comissões, reuniões, boletins, sermões e afins.

A organização típica atual apresenta um problema de organização para o qual conceitos e teorias tradicionais são totalmente inadequados. Os trabalhadores do conhecimento devem ser profissionais em sua atitude em relação ao seu próprio campo de conhecimento. Devem considerar-se responsáveis por sua própria competência e pelos padrões de seu trabalho. Em termos de organização formal, ver-se-ão como "pertencentes" a uma especialidade funcional seja a bioquímica ou, nos hospitais, enfermagem, por exemplo. Em termos de administração de pessoal – seu treinamento, registros, mas também seu conceito e promoções –, pertencerão a uma especialidade funcional orientada para o conhecimento. Mas, em seu trabalho, eles terão de agir, cada vez mais, como membros responsáveis de uma equipe, com pessoas de áreas de conhecimento inteiramente diferentes, organizadas em torno de uma tarefa específica imediata.

O foco na contribuição para cima não dará, por si mesma, a solução organizacional. Contribuirá, contudo, para a compreensão da tarefa e das comunicações necessárias para fazer funcionar uma organização imperfeita.

- A comunicabilidade dentro de um grupo de trabalhadores do conhecimento tem se tornado crítica em consequência da revolução causada pelo computador nas informações. Com o passar do tempo, o problema tem sido como conseguir "comunicação" da "informação". Como as informações tinham de ser dadas e manipuladas por pessoas sempre foram distorcidas pelas comunicações; isto é, por opinião, impressão, comentários, julgamento, inclinações etc. Agora, repentinamente, estamos em uma situação em que a informação é altamente impessoal e, portanto, sem nenhum conteúdo das comunicações. É informação pura.

Mas, agora, estamos enfrentando o problema de estabelecer o mínimo de comunicações necessário para que possamos entender-nos uns aos outros e conhecer as necessidades, objetivos, percepção e procedimento de cada um. A informação não nos oferece isso. Somente o contato direto, seja pela voz seja pela palavra escrita, pode estabelecer a comunicação.

Quanto mais automatizarmos o manuseio da informação, tanto mais teremos de criar oportunidades para comunicação eficaz.

3 ▪ O autodesenvolvimento em escala depende do foco na contribuição.

O homem que se pergunta "Qual é a mais importante contribuição que posso dar para o desempenho desta organização?" está, na realidade, perguntando "Que autodesenvolvimento estou precisando? Que conhecimento e habilidade devo adquirir para dar a contribuição que deveria estar dando? Que força devo colocar em meu trabalho? Que padrões eu mesmo devo estabelecer?".

4 ▪ O gestor que focar a contribuição estimula os outros também ao autodesenvolvimento, sejam eles subordinados, colegas ou superiores. Estabelece padrões que não são pessoais, mas fundamentados nas necessidades da tarefa. Ao mesmo tempo, são demandas para o mérito porque são condições de alta aspiração, de objetivos ambiciosos, de trabalho de grande impacto.

Sabemos muito pouco a respeito de autodesenvolvimento, mas de uma coisa sabemos bem: as pessoas em geral, e os trabalhadores do conhecimento em particular, elevam-se em função das exigências que fazem a si próprios. Elevam-se de acordo com o que consideram que seja realização e obtenção. Se exigirem pouco de si mesmos, permanecerão mirrados; se exigirem bastante, crescerão a estruturas gigantescas – sem nenhum esforço maior do que o dos não realizados.

■ A REUNIÃO EFICAZ

A reunião, o relatório e a exposição são as situações de trabalho típicas do gestor; são suas ferramentas específicas de todo dia. Elas também fazem grandes demandas de seu tempo – mesmo que ele consiga analisar seu tempo e controlar tudo o que for possível.

Os gestores eficazes sabem o que podem esperar obter de uma reunião, de um relatório ou de uma exposição e qual é, ou deveria ser, a finalidade da ação. Eles se perguntam: "Por que realizaremos esta reunião: queremos uma decisão, queremos informar ou queremos tornar claro para nós o que deveríamos estar fazendo?". Eles insistirão para que a finalidade seja bem estudada e perfeitamente exposta antes de promover a reunião, pedir o relatório ou organizar a apresentação. Eles insistirão para que a reunião sirva à contribuição para a qual se comprometeram.

■ O ser humano eficaz sempre apresenta no início de uma reunião a finalidade específica e a contribuição que deve resultar dela. Ele se assegura de que a reunião se desenrole com esse objetivo. Não permitirá que uma reunião, marcada para informar, transforme-se em uma "sessão-monstro", em que cada um tem ideias brilhantes. Uma reunião convocada para estimular ideias e pensamentos não se pode tornar em uma exibição por parte de um dos membros, e sim ser conduzida para estimular e desafiar todos os que estiverem na sala. Ao fim dessas reuniões, o ser humano eficaz volta às declarações iniciais e relata as conclusões da intenção original.

Há regras para tornar uma reunião produtiva (por exemplo, há uma regra óbvia e várias vezes esquecida de que a pessoa ou dirige uma reunião e ouve os assuntos importantes que estão sendo ditos ou toma parte e fala; não é possível fazer as duas coisas), mas a regra fundamental é focar, desde o início, na contribuição.

O foco na contribuição neutraliza um dos problemas básicos do gestor: a confusão e o caos dos acontecimentos e sua incapacidade de indicar, por si mesmo, o que é significativo e o que é meramente "ruído". O foco na contribuição impõe um princípio organizativo; dá relevância aos acontecimentos.

O foco na contribuição torna uma das fraquezas inerentes à situação do gestor – sua dependência de outras pessoas, sua prisão à organização – em uma fonte de força; cria uma equipe.

Finalmente, o foco na contribuição combate a tentação de ficar dentro da organização; conduz o gestor – particularmente o alto gestor – a mover os olhos do interior da organização, dos esforços, trabalho e relacionamento, para o exterior; isto é, para os resultados da organização. Faz que ele procure, com vontade, ter contato direto com o exterior – os mercados e consumidores, os pacientes de uma comunidade ou os vários "públicos" que estão fora da repartição do governo.

Focar na contribuição significa focar na eficácia.

4 Como Tornar Produtiva a Força

- Como organizar para fortalecer, 94
- Como é que administro meu chefe?, 116
- Tornar a si mesmo eficaz, 119

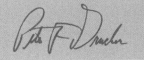

O gestor eficaz torna produtiva a força. Sabe que nada se constrói sobre a fraqueza. Para conseguir resultados, temos de usar todas as forças disponíveis — a dos associados, a do superior e a nossa própria. Essas forças são as verdadeiras oportunidades. Tornar a força produtiva é a única finalidade da organização. Não se pode, logicamente, vencer todas as fraquezas com que todos nós somos abundantemente dotados, mas é possível torná-las irrelevantes. Sua função é usar a força de cada pessoa como material para a construção da execução conjunta.

■ Como organizar para fortalecer

A área em que o gestor encontra, em primeiro lugar, o desafio da força é a relacionada ao pessoal. O gestor eficaz preenche as posições e promove na base do que uma pessoa pode fazer; não toma decisões sobre pessoal para diminuir fraquezas, e sim para aumentar a força.

> ■ O presidente Lincoln, quando lhe disseram que o general Grant, seu novo comandante-chefe, gostava de bebida, disse: "Se eu soubesse a marca que ele prefere, mandaria um barril ou mais dessa bebida para alguns outros generais". Depois de uma infância no Kentucky e em Illinois, na época da expansão, Lincoln seguramente sabia tudo a respeito de bebidas e seus perigos. De todos os generais da União, entretanto, apenas Grant foi capaz, consistentemente, de planejar e conduzir campanhas vitoriosas. A designação de Grant marcou a reviravolta da Guerra Civil Americana. Foi uma designação eficaz porque Lincoln escolheu seu general por sua capacidade de vencer batalhas, e não por sua sobriedade, isto é, pela ausência de uma fraqueza.
>
> Contudo, Lincoln aprendeu essa lição pelo processo mais difícil. Antes de nomear Grant, ele havia designado, sucessivamente, três ou quatro generais, cujas principais qualidades eram a falta de maiores fraquezas. Em consequência, o Norte, apesar de sua enorme superioridade em homens e material, não tinha feito nenhum progresso nos três longos anos de 1861 a 1864. Em um perfeito contraste, Lee, o comandante dos Confederados, organizara-se de acordo com a força. Cada um dos generais de Lee, desde Stonewall Jackson, era um homem com fraquezas óbvias e monumentais, mas Lee considerava essas falhas – corretamente – irrelevantes. Cada um deles, porém, tinha uma área de real força – e era essa força, e só essa força, que Lee utilizava e tornava eficaz. Em consequência, os homens "bons em tudo" de Lincoln eram batidos todas às vezes pelos "instrumentos para um só fim" de Lee, os homens de força estreita, mas uma força muito grande.

Quem quer que tente nomear uma pessoa ou escolher auxiliares evitando as fraquezas acabará, na melhor das hipóteses, com a mediocridade. A ideia de que há pessoas "boas para tudo", pessoas que só apresentam fortalezas e não fraquezas (qualquer que seja o termo utilizado: "mulher total", "personalidade madura", "homem completo", "personalidade bem ajustada" ou "generalista"), é uma prescrição para mediocridade, se não o for para incompetência. Pessoas fortes sempre têm fraquezas também. Onde há picos, há vales, e ninguém é forte em muitas áreas. Medido contra o universo do conhecimento humano, experiência e habilidades, até o maior dos gênios teria de ser classificado como um total fracasso. Não há tal coisa como o "ser humano bom". Bom para quê? Esta é a pergunta.

O gestor que se preocupa com o que uma pessoa não pode fazer, em vez de pensar no que ela pode fazer, e que, por conseguinte, tenta evitar a fraqueza, em vez de fazer a força tornar-se eficaz, é, em si mesmo, um ser humano fraco. Provavelmente, ele vê a força dos outros como uma ameaça para ele. Nunca houve gestor algum que tenha sofrido por serem seus subordinados fortes e eficazes. Não há maior vanglória, e também melhor prescrição, para a eficácia de um gestor que as palavras que Andrew Carnegie, pai da indústria americana do aço, escolheu para seu próprio epitáfio: "Aqui jaz um homem que soube trazer para seu serviço pessoas melhores do que ele mesmo". É lógico, cada uma dessas pessoas era "melhor" porque Carnegie procurou sua força e a pôs a trabalhar. Cada um desses gestores do aço era um "ser humano melhor" em uma área específica e para um trabalho específico. Carnegie, por sua vez, foi o gestor eficaz entre eles.

- Outra história sobre o general Robert E. Lee mostra o que significa tornar a força produtiva. Conta a história que um de seus generais desobedeceu às ordens e, com isso, perturbou os planos de Lee – e não era a primeira vez. Lee, que normalmente controlava seu temperamento, estourou, mostrando toda a sua fúria. Quando ele se acalmou, um dos seus ajudantes de ordens perguntou, respeitosamente: "Por que o senhor não o destituiu do comando?". Dizem que Lee se voltou, demonstrando enorme espanto, olhou o ajudante de ordens e disse: "Que pergunta absurda."

Os gestores eficazes sabem que os subordinados são pagos para fazerem o que for preciso e não para agradarem aos superiores. Eles sabem que não interessa a quantidade de caprichos de uma prima-dona, contanto que ela atraia os clientes. O gestor da ópera é pago, afinal, para aturar os caprichos da prima-dona, se essa é a maneira dela conseguir perfeição no desempenho. Não interessa se um mestre de primeira classe ou um brilhante erudito é agradável ao reitor ou amável em uma reunião da congregação. O reitor é pago para permitir que o mestre da primeira classe ou o brilhante erudito executem seu trabalho de modo eficaz – e se isso implica desagrado na rotina administrativa, o preço ainda é barato.

Os gestores eficazes nunca perguntam: "Como ele está se dando comigo?", e sim: "Com que ele está contribuindo?". A pergunta nunca é: "O que é que uma pessoa não pode fazer?", mas, sim: "O que é que ela pode fazer extraordinariamente bem?". Ao escolher auxiliares, eles procuram perfeição em uma área principal, e não desempenho em todos os sentidos.

Procurar uma área de força e tentar pô-la em funcionamento é um determinante da natureza humana. De fato, toda essa conversa sobre o "homem completo" ou "personalidade madura" esconde um profundo desprezo pelo dom mais específico do ser humano: sua capacidade de pôr todos os seus recursos em uma única atividade, em uma única direção de esforço, em uma única área de realização. É, em outras palavras, desprezo pela perfeição. A perfeição humana só pode ser obtida em uma área ou, no máximo, em muito poucas.

Existem pessoas com muitos interesses – e isso é, normalmente, o que queremos dizer quando falamos em "gênio universal". Não se conhecem pessoas que consigam realizações excelentes em muitas áreas. Até mesmo Leonardo só se dedicou realmente a uma área de atividade apesar de seus múltiplos interesses; se a poesia de Goethe fosse perdida e tudo o que se soubesse a respeito dele e de seu trabalho fossem suas intromissões no campo da óptica e da Filosofia, ele não teria merecido nem mesmo uma pequena nota no rodapé da mais completa enciclopédia. O que é verdade para os gigantes o é, indubitavelmente, para o resto da humanidade. A não ser, portanto, que um gestor procure a força e trabalhe para tornar a força produtiva, conseguirá apenas o impacto do que um ser humano não pode fazer, de suas falhas, suas fraquezas, seus impedimentos à realização e à eficácia. Escolher auxiliares na base do que não há e focar na fraqueza é ruinoso, é um mau emprego, se não um abuso, da capacidade humana.

Focar na força é fazer exigências para realização. Quem não se pergunta, primeiro: "O que pode uma pessoa fazer?" está fadado a aceitar menos do que um colaborador poderá realmente contribuir. Ele desculpa, a *priori,* a não realização do colaborador. Ele é destrutivo, mas não crítico, é realista. O verdadeiro "gestor exigente" – e, de um modo ou de outro, todos os fazedores de homens são chefes exigentes – sempre começa com o que uma pessoa deveria ser capaz de fazer bem – e depois exige que ela realmente o faça.

Tentar construir com base na fraqueza frustra a finalidade da organização. A organização é o instrumento específico para fazer a força humana redundar em realização, enquanto a fraqueza humana é neutralizada e amplamente tornada inofensiva. Os muito fortes não precisam nem desejam organização; eles se sentem muito melhor trabalhando para si mesmos. Nós, todos os outros, a grande maioria, contudo, não temos força suficiente para que ela se torne eficaz apesar de nossas limitações. "Ninguém pode empregar apenas a mão, a pessoa inteira vem com ela", diz um provérbio do pessoal de relações humanas. Do mesmo modo, ninguém pode ser, em si, apenas forte; as fraquezas sempre nos acompanham.

Mas poderemos estruturar uma organização na qual as fraquezas se tornem uma mancha pessoal sem repercussão ou, pelo menos, paralela ao trabalho e à realização. Podemos estruturar a organização de modo a tornar a força relevante.

Um bom contador especialista em impostos, se for trabalhar independentemente, poderá ser prejudicado por dificuldades no trato com as pessoas; em uma organização, por sua vez, esse homem pode trabalhar em um gabinete privado, isolado do contato direto com pessoas. Em uma organização, uma pessoa pode fazer sua força ser eficaz e sua fraqueza, irrelevante. O pequeno negociante que for bom em finanças, mas fraco em comercialização, está fadado a se ver em apuros, mas, em uma empresa mais ou menos grande, pode-se, facilmente, tornar produtiva uma pessoa que só tenha força real em finanças.

Os gestores eficazes não são cegos à fraqueza. O gestor que compreende que seu trabalho é capacitar John Jones a fazer sua contabilidade de impostos não tem ilusões sobre a capacidade de Jones em tratar com pessoas. Ele nunca indicaria Jones como administrador. Há outros, por sua vez, que sabem lidar com o público. Contabilistas de impostos excelentes são muitas vezes mais raros. Assim sendo, o que essa pessoa – e muitos como ela – pode fazer é ligado a uma organização. O que ele não pode fazer é uma limitação, e nada mais.

"Tudo isso é óbvio", pode-se dizer. Então, por que não é feito sempre? Por que são raros os gestores que tornam a força produtiva – especialmente a força de seus associados? Por que até mesmo Lincoln escolheu seus auxiliares com base na fraqueza antes de focar na força?

A principal razão é que a tarefa imediata de um gestor não é alocar uma pessoa; é preencher uma vaga. A tendência, portanto, é começar pela vaga como sendo uma parte da ordem natural; apenas depois é que se procura uma pessoa para preencher o cargo. E é muito mais fácil, dessa maneira, ser mal-encaminhado na procura do "menos pouco indicado" – a pessoa que deixa menos a desejar. Isso é, invariavelmente, a mediocridade.

A "cura" mais amplamente divulgada para isso é estruturar cargos para se adaptarem às personalidades disponíveis. Essa cura, contudo, é pior que a doença, exceto talvez em uma organização muito pequena e muito simples. Os cargos têm de ser objetivos, isto é, determinados pela tarefa, e não pela personalidade.

Uma razão para isso é que cada modificação na definição, estrutura e posição de um cargo dentro da organização acarreta uma reação em cadeia em toda a instituição. As funções, em uma organização, são interdependentes e interligadas. Não podemos transformar a tarefa e a responsabilidade de todos só porque temos de substituir uma única pessoa em um único cargo. Estruturar um cargo para uma pessoa resultará, quase certamente, em grandes discrepâncias entre as exigências do cargo e o talento disponível. A consequência será desenraizar e deslocar uma dúzia de pessoas para acomodar uma só.

- Isso não é, de modo algum, verdade apenas nas organizações burocráticas, tais como repartições do governo ou grandes empresas comerciais. Alguém tem de ensinar o curso básico de Bioquímica na universidade. É melhor que seja capaz. Tem de ser um especialista. Contudo, o curso tem de ser generalizado, tem de incluir os fundamentos da disciplina, sejam quais forem os interesses e as inclinações do mestre. O que tem de ser ensinado é determinado pelas necessidades dos estudantes, isto é, por um requisito objetivo, que o professor tem de aceitar. Quando o regente de uma orquestra tem de preencher o lugar do primeiro violoncelista, ele jamais pensa em um mau violoncelista que seja excelente tocador de oboé, mesmo que o oboísta seja um músico muito melhor do que qualquer dos violoncelistas disponíveis. O maestro não reescreve a sinfonia para acomodar um músico. O gestor de ópera, que sabe que está sendo pago para aturar os caprichos da prima-dona, espera que ela cante a *Tosca* quando o programa anunciar a *Tosca*.

Contudo, existe uma razão mais sutil para a insistência em cargos impessoais e objetivos. É o único meio de prover a organização com a diversidade humana de que ela necessita. É a única maneira de tolerar – na verdade, encorajar – diferenças de temperamento e de personalidade em uma organização. Para tolerar a diversidade, as relações devem ser focadas na tarefa, e não na personalidade. Realização deve ser medida dentro de critérios de contribuição e de desempenho. Isso só é possível, porém, quando os cargos são definidos e estruturados impessoalmente. De outro modo, a ênfase será, imediatamente, dada a "Quem é que está certo?" em vez de "O que é que está certo?". Em tempo algum, as decisões sobre pessoal devem ser feitas com base em "Será que gosto deste camarada?" ou "Será que ele é aceitável?" em vez de perguntar: "Será ela a pessoa mais indicada para executar esta função com excelência?".

É quase certo que a estruturação das funções para acomodar personalidades conduzirá ao favoritismo e conformismo; e não há organização que possa suportar qualquer dos dois. Ela precisa de equidade e probidade em suas decisões sobre pessoal. De outro modo, perderá seus bons empregados ou irá destruir-lhes o incentivo. E la precisa de diversidade ou perderá a capacidade de se modificar e a capacidade de divergência (como discutiremos no Capítulo 7) que a decisão certa exige.

- Uma implicação disso é que os homens que organizam equipes executivas de primeira ordem não se colocam, normalmente, muito próximos aos seus colegas e subordinados imediatos. Escolhendo pessoas pelo que possam realizar, e não em seu apreço ou desapreço pessoais, procuram realização, e não adaptação. Para obter tal resultado, eles mantêm uma distância entre eles mesmos e seus colegas mais próximos.

    Foi várias vezes observado que Lincoln só se tornou um chefe realmente eficaz depois que substituiu as relações pessoais – como, por exemplo, com Staton, seu Secretário da Guerra – pela separação e distância. Franklin D. Roosevelt não tinha nenhum "amigo" no gabinete, nem mesmo Henry Morgenthau, seu Ministro da Fazenda e amigo íntimo em todos os assuntos não governamentais. O general Marshall e Alfred P. Sloan também eram igualmente distantes. Eram todos homens afetuosos, necessitados de relações humanas mais íntimas, dotados de dom de fazer e manter amigos, mas sabiam que suas amizades tinham de ser "fora do trabalho". Sabiam que era irrelevante gostar de alguém ou ser aprovado por esse alguém, e que talvez fosse prejudicial. Mantendo-se distantes, eram capazes de organizar equipes de grande diversidade, mas também fortes.

É evidente que há também exceções, que há cargos que têm de ser talhados para a pessoa. Mesmo Sloan, apesar de sua insistência na estrutura impessoal, esquematizou, conscientemente a organização técnica inicial da General Motors em função de um homem, Charles F. Kettering, o grande inventor. Roosevelt quebrou todas as normas regulamentares para permitir que o moribundo Harry Hopkins prestasse a sua excepcional contribuição. Tais exceções, no entanto, devem ser raras; e só devem ser feitas para alguém que tenha provado uma capacidade excepcional de fazer o fora do comum de modo excelente.

Como, então, poderão os gestores eficazes escolher seus auxiliares com base na força sem cair na armadilha oposta de criar lugares para aproveitar personalidades?

Eles obedecem, quase sempre, às quatro regras seguintes:

1 ▪ Não começam pela suposição de que os cargos são criados pela natureza ou por Deus. Sabem que eles foram estruturados por homens altamente falíveis, e, por isso, estão sempre em guarda contra a tarefa "impossível", que, simplesmente, não é para simples seres humanos.

Esses cargos são comuns. Normalmente, parecem perfeitamente lógicos no papel, mas não podem ser preenchidos. Tenta-se um homem de capacidade de realização comprovada depois do outro e nenhum tem bom desempenho. Seis meses a um ano depois, o cargo os terá derrotado.

Em geral, tal cargo foi criado inicialmente para acomodar uma pessoa incomum e talhado para suas idiossincrasias. Necessita, normalmente, de uma combinação de temperamentos que é raramente encontrada em uma única pessoa. Os indivíduos podem adquirir vários tipos divergentes de conhecimentos e capacidades altamente diferentes, mas não podem mudar seu temperamento. Um cargo que exija temperamentos diferentes se torna um cargo "impossível de se preencher", um destruidor de homens.

A regra é simples. Qualquer cargo que tenha derrotado dois ou três homens sucessivamente, mesmo que cada um deles tenha executado bem suas funções anteriores, deve ser considerado impróprio para seres humanos. Deve ser, portanto, reestruturado.

- Todos os textos sobre marketing concluem, por exemplo, que a gerência de vendas deve estar ligada à propaganda e à promoção, além de estar sob a direção da gerência de marketing. A experiência de grandes manufatureiros de bens de consumo, com marcas registradas fortes e grandes mercados, tem indicado, porém, que essa ampla função de marketing é impossível. Esse cargo exigirá não só alta eficácia em vendas diretas, isto é, movimentação de mercadorias, como também alta eficácia em propaganda e promoção, isto é, na mobilidade de pessoas. Ambas exigem personalidades diferentes, raramente encontradas em uma só pessoa.

  A presidência de uma grande universidade nos EUA também é um desses cargos impossíveis. Pelo menos nossa experiência tem mostrado que somente uma pequena minoria das designações para essa posição foi acertada, muito embora os homens escolhidos tivessem, quase sempre, uma longa história pessoal de realizações substanciais em designações prévias.

  Outro exemplo é, talvez, a função de vice-presidente internacional de uma grande empresa multinacional em nossos dias. Tão logo a produção e as vendas no território da companhia matriz se tornam significativas – quando excedem um quinto do total, mais ou menos –, pondo tudo o que é "filial" em um único componente organizacional, cria-se uma função impossível, destruidora de homens. O trabalho tem de ser reorganizado ou na base de grupos de produtos mundiais (como a Philips fez na Holanda, por exemplo) ou de acordo com as características comuns sociais e econômicas dos maiores mercados. Pode, por exemplo, ser dividida em três diferentes cargos, um controlando os negócios nos países industrializados (Europa Ocidental, Japão), outro, nos países em desenvolvimento (maior parte da América Latina, Austrália, Índia, Oriente Próximo), e outro, para os países em desenvolvimento. Várias das principais companhias de produtos químicos estão seguindo esse sistema.

O embaixador de uma grande potência, hoje, está em situação semelhante. Sua embaixada se tornou tão grande, tão pouco maleável e difusa em suas atividades que uma pessoa que a possa administrar não terá tempo, e certamente nem interesse, para sua função principal: conhecer o país para o qual foi designado, seu governo, sua política sob vários aspectos, seu povo e tornar-se conhecido e conquistar-lhe a confiança. Apesar da ação de McNamara no Pentágono, semelhante à de um domador de leões, ainda não estou convencido de que a função de Secretário da Defesa dos EUA seja realmente possível (embora admita que não haja alternativa).

O gestor eficaz, portanto, tem de se assegurar de que a função está bem estruturada. Se a experiência mostra-lhe o contrário, ele não sai atrás de gênios para fazer o impossível, mas reestrutura a função. Sabe que a chave da organização não é o gênio, mas, sim, sua capacidade de fazer pessoas comuns realizarem desempenhos incomuns.

2 ▪ A segunda regra para escolher pela força é tornar cada cargo exigente e grande. Deve conter, em si, um desafio para fazer aparecer a força total de que uma pessoa dispuser. Deve ter tal finalidade que qualquer esforço relevante aplicado ao trabalho possa produzir resultados significativos.

Essa, porém, não é a orientação da maioria das grandes organizações. Elas tendem a tornar pequeno o cargo – o que teria sentido se as pessoas fossem feitas e destinadas a desempenhos específicos em um dado momento. O problema não é apenas o fato de termos de preencher cargos com pessoas como vierem; as exigências de qualquer cargo acima das mais simples são também sujeitas a mudanças, e muitas vezes abruptamente. O "tipo ideal", então, torna-se, rapidamente, o contraindicado. Somente quando o cargo é grande e exigente desde o início, habilitará a pessoa a erguer-se à altura das novas exigências de uma situação diferente.

Essa regra se aplica, em particular, ao trabalhador intelectual principiante. Seja qual for sua força, ele deve ter uma oportunidade de encontrar campo aberto. É no seu primeiro cargo que são estabelecidos os padrões pelos quais se guiará pelo resto de sua carreira e medirá sua contribuição e ele próprio. Até entrar em seu primeiro cargo de adulto, essa pessoa nunca teve uma oportunidade de realizar. Tudo o que se pode fazer em uma escola é mostrar uma promessa. Realização só é possível no trabalho real, seja em um laboratório de pesquisa, no professorado, em um negócio ou em uma repartição governamental. Tanto para o principiante em trabalho intelectual como para o restante da organização, seus colegas e seus superiores, a coisa mais importante é verificar o que ele pode realmente fazer.

Para ele, é igualmente importante verificar, o mais cedo possível, se está realmente no lugar certo, ou mesmo no tipo adequado de trabalho. Há testes bastante seguros para as aptidões e as habilidades necessárias para o trabalho manual. Pode-se verificar, *a priori*, se uma pessoa está apto a desempenhar bem a função de carpinteiro ou maquinista. Não há tais testes apropriados, entretanto, para o trabalho intelectual. O que é necessário para o trabalho intelectual não é esta ou aquela habilidade, mas uma configuração; e isso só será revelado pelo teste do desempenho.

O trabalho de um carpinteiro ou de um maquinista é definido pela perícia e varia pouco de uma oficina para outra, mas, em relação à capacidade de um trabalhador intelectual de contribuir em uma organização, os valores e os objetivos da organização são, no mínimo, tão importantes quanto seu conhecimento profissional e suas habilidades. Um jovem que tenha a força apropriada para uma organização poderá ser totalmente contraindicado para outra, que, vista de fora, parece exatamente igual à primeira. Sua primeira função, portanto, deverá habilitá-lo a testar a si mesmo e também a organização.

- Isso não se refere apenas a diferentes tipos de organização, tais como repartições do governo, universidades ou empresas; é também verdadeiro em relação a organizações da mesma espécie. Ainda estou para ver duas grandes empresas que tenham os mesmos valores e deem igual ênfase às mesmas contribuições. Todos os administradores acadêmicos já aprenderam que uma pessoa que foi feliz e produtiva como membro da congregação da faculdade de uma universidade pode sentir-se perdida, infeliz e frustrada quando se transfere para outra. Por mais que a Comissão do Serviço Público tente fazer com que todas as repartições governamentais sigam as mesmas normas e usem os mesmos padrões, cada uma, após alguns anos de existência, adquire uma personalidade distinta. Cada uma exige um comportamento diferente de seus membros, especialmente os de padrão profissional, para que sejam eficazes e façam alguma contribuição.

É fácil movimentar-se enquanto se é jovem – pelo menos nos países ocidentais, onde a mobilidade é aceita. Uma vez que a pessoa tenha ficado em uma organização por dez anos ou mais, porém, torna-se cada vez mais difícil, especialmente para os que não tenham demonstrado eficácia. O jovem trabalhador intelectual deveria, portanto, fazer, desde cedo, a pergunta: "Estou no trabalho certo e no lugar certo para demonstrar toda a minha potencialidade?".

Ele não poderá fazer essa pergunta, e muito menos respondê-la, se sua função inicial for muito pequena, muito fácil e destinada a contrabalançar sua falta de experiência, em vez de fazer surgir tudo aquilo de que ele é capaz.

Todas as pesquisas sobre jovens trabalhadores intelectuais, sejam médicos do Serviço de Saúde do Exército, químicos no laboratório de pesquisas, contabilistas e engenheiros nas fábricas, enfermeiras no hospital apresentam o mesmo resultado: os que são entusiasmados, e que têm resultados a apresentar em seu trabalho, são aqueles cujas habilidades foram postas à prova e usadas. Os que são profundamente frustrados, todos eles declaram, de um modo ou de outro: "Minhas capacidades não estão sendo utilizadas".

O jovem trabalhador intelectual, cuja função é pequena demais para desafiar e testar suas capacidades, ou se afasta ou decai, rapidamente, em uma meia-idade prematura, amargurada, cínica e improdutiva. Em toda parte, gestores têm-se queixado de que muitos jovens fogosos se transformam, bem cedo, em cinzas. Os culpados são eles mesmos: extinguem o fogo, tornando pequena a função do jovem.

3 ▪ Gestores eficazes sabem que têm de começar pelo que uma pessoa pode fazer, e não pelo que exige um cargo. Isso, porém, significa que ele tem de pensar a respeito das pessoas muito tempo antes de tomar a decisão de preencher um cargo, e independentemente delas.

Essa é a razão para a adoção generalizada dos procedimentos de apreciação; atualmente, pelos quais as pessoas, principalmente as do trabalho intelectual, são regularmente julgadas. A finalidade é chegar a uma apreciação sobre alguém *antes* de ser decidido se ela é a pessoa certa para ocupar uma posição mais elevada.

Contudo, embora quase todas as grandes organizações tenham normas de avaliação, muito poucas realmente as usam. Seguidamente, os mesmos gestores que declaram que, evidentemente, fazem uma apreciação de cada um de seus subordinados, pelo menos uma vez por ano, eles mesmos confessam que, pelo que sabem, nunca foram avaliados por seus superiores. Seguidamente, as fichas de conceito permanecem nos arquivos e ninguém as procura quando uma decisão sobre pessoal tem de ser tomada. Todos as desprezam como papéis inúteis. Acima de tudo, quase sem exceção, nunca se realiza a "entrevista de avaliação", na qual o superior deve sentar-se com o subordinado e discutir os pontos observados; no entanto, essa entrevista é o ponto crucial de todo o sistema. Uma indicação sobre o que está errado apareceu na publicação de um novo livro sobre gerência que classificava a entrevista de avaliação como "a mais desagradável função" do superior.

As avaliações, como são agora usadas na grande maioria das organizações, foram idealizadas por psicólogos clínicos, para suas próprias finalidades. O clínico é um terapeuta treinado para curar o doente. Está legitimamente interessado no que está errado, mais do que no que está certo com o paciente. Ele supõe, logicamente, que ninguém o procura a não ser que esteja em dificuldades. O psicólogo clínico, portanto, usa estas avaliações, muito apropriadamente, como um processo de diagnosticar as fraquezas de uma pessoa.

- Convenci-me disso no meu primeiro contato com administrações japonesas. Dirigindo um seminário de desenvolvimento de gestores, verifiquei, com surpresa, que nenhum dos participantes japoneses – todos altamente alocados em grandes organizações – usavam avaliações. Quando perguntei por que não o faziam, um deles me disse: "Suas avaliações visam apenas apresentar as faltas e fraquezas de uma pessoa. Como não podemos despedir uma pessoa, nem negar-lhe melhoramento e promoção, isso não nos interessa. Pelo contrário, quanto menos soubermos a respeito de suas fraquezas, tanto melhor. O que realmente precisamos é conhecer os pontos fortes de uma pessoa e o que ela pode fazer. Suas avaliações não estão interessadas nisso". Os psicólogos modernos, especialmente os que preparam avaliações, podem perfeitamente discordar, mas é assim que todos os gestores, japoneses, americanos ou alemães, veem a avaliação tradicional.

Na verdade, o Ocidente poderia muito bem ponderar a respeito das lições das realizações japonesas. Como todos já tomaram conhecimento, há "estabilidade" no Japão. Uma vez incluída na folha de pagamento, uma pessoa progredirá em sua categoria – como operária ou profissional especializada e gestor – de acordo com a idade e o tempo de serviço, com o salário duplicando a cada 15 anos. Ele não pode sair, nem ser despedido. Somente no topo ou depois de 45 anos de idade é que há diferenciação, com um pequeno grupo selecionado pela capacidade e mérito para as mais altas posições administrativas. Como pode esse sistema ser ajustado com a tremenda capacidade para resultados e realizações que o Japão tem demonstrado? A resposta é que seu sistema força o Japão a não olhar fraquezas. Justamente por não poder movimentar as pessoas, os gestores japoneses sempre procuram, no grupo, o homem que possa realizar a função. Eles sempre procuram o lado forte.

Não recomendo o sistema japonês; está longe de ser ideal. Um pequeno número de pessoas que tenha provado sua capacidade de realizar fará, realmente, tudo o que for importante, o restante é realizado pela organização. Contudo, se nós, do Ocidente, queremos obter o benefício da mobilidade, que não só os indivíduos como as organizações têm, por tradição, é melhor que adotemos o costume japonês de procurar a força e usá-la.

Um superior que foca na fraqueza, como nossas avaliações o obrigam a fazer, destrói a integridade de seu relacionamento com os subordinados. Os inúmeros gestores, que efetivamente sabotam as avaliações que seus regulamentos lhes impõem, seguem um sábio instinto. É perfeitamente compreensível que considerem desagradável uma entrevista de avaliação que foque nas faltas, defeitos e fraquezas. A discussão dos defeitos de uma pessoa, quando ela vem como paciente à procura de auxílio, é da responsabilidade do médico. Como se sabe desde o tempo de Hipócrates, isso pressupõe um relacionamento profissional e privilegiado entre o médico e o paciente, incompatível com o relacionamento de autoridade entre superior e subordinado. Isto tornará quase impossível um trabalho continuado. Por isso, dificilmente nos surpreendemos ao ver tão poucos gestores utilizarem a avaliação oficial; é o instrumento errado, em uma situação errada, para a finalidade errada.

A avaliação – e a filosofia que a apoia – são, também, por demais preocupadas com "o potencial". Mas as pessoas experimentadas já aprenderam que não se pode avaliar potencial com qualquer antecipação e para qualquer outra coisa que não seja o que uma pessoa já esta fazendo. "Potencial" é apenas outra palavra para "promessa". E, mesmo a promessa estando ali, ela bem poderá não ser cumprida, enquanto outras pessoas que não a tenham mostrado (até por não ter tido oportunidade) conseguirão, realmente, o desempenho.

A única coisa que se pode e deve medir é o desempenho. Essa é outra razão para a criação de cargos desafiadores; é também uma razão para pensar na contribuição que uma pessoa deve dar para os resultados e desempenho da organização. Porque só se pode medir o desempenho de alguém face a esperados desempenhos específicos.

Mesmo assim, são necessárias normas de avaliação de desempenho – caso contrário, far-se-á a avaliação de pessoal na época errada, isto é, quando um cargo tiver de ser preenchido. Os gestores eficazes, por isso, empregam, em geral, uma fórmula própria, radicalmente diferente. Começam com uma exposição das principais contribuições que um indivíduo deveria apresentar em suas posições anteriores e atual, e um registro de seu desempenho em relação a esses objetivos. Depois, faz estas quatro perguntas:

- "O que ele fez bem?"
- "O que, portanto, ele deverá ser capaz de fazer bem?"
- "O que ele deve aprender ou conseguir para obter o máximo benefício de sua força?"
- "Se eu tivesse um filho ou filha, gostaria que ele ou ela trabalhasse sob as ordens dessa pessoa?"
  - "Se afirmativo, por quê?"
  - "Se negativo, por quê?".

Essa avaliação, na realidade, consegue obter um aspecto muito mais crítico de uma pessoa do que o procedimento usual. Focaliza os pontos fortes. Começa com o que uma pessoa pode fazer. As fraquezas são encaradas como limitações ao pleno uso de sua força e ao seu próprio desempenho, eficácia e realizações.

A última pergunta é a única que não se interessa, em especial, pelos pontos fortes. Os subordinados, especialmente os brilhantes, jovens e ambiciosos, tendem a se comportar como espelhos de um patrão forte. Não há nada, portanto, mais corruptor e mais destrutivo, em uma organização, que um gestor forte, mas basicamente corrupto. Alguém assim poderá agir perfeitamente bem em trabalhos individuais; mesmo em uma organização, poderá ser tolerável se lhe for negado qualquer poder sobre outros, mas, em uma posição de mando em uma organização, ele destruirá. Eis aqui, portanto, a única área em que a fraqueza em si mesma tem alguma importância e relevância.

O caráter e a integridade, por si mesmos, nada realizam, mas sua ausência aniquila tudo o mais. Eis aqui, portanto, a área em que a fraqueza é desqualificação em si mesma, mais do que uma limitação à capacidade de realização e força.

4 ▪ O gestor eficaz sabe que, para se conseguir força, tem de tolerar fraquezas.

- Houve pouquíssimos grandes comandantes na história que não tenham sido concentrados em si mesmos, convencidos e cheios de admiração pelo que viam no espelho. (A recíproca não é, logicamente, verdadeira: houve um grande número de generais que eram convencidos da própria grandeza, mas que não passaram à história como grandes comandantes.) Do mesmo modo, o político que não almeja, com todas as fibras de seu corpo, ser presidente ou primeiro-ministro não está fadado a ser relembrado como um estadista. Ele será, no máximo, um útil – e talvez muito útil – companheiro de jornada. Para ser mais, é necessária uma pessoa que está suficientemente convencida de que o mundo – ou pelo menos o país – precisa realmente dela e depende de sua conquista do poder. (Novamente a recíproca não é verdadeira.) Se o que se precisa é de capacidade no comando em uma situação perigosa, há que se aceitar um Disraeli ou um Franklin D. Roosevelt e não se preocupar muito com sua falta de humildade. Não existem realmente grandes homens para seus criados particulares, mas é o criado que vê a coisa pelo lado certo. Ele vê, inevitavelmente, todos os traços que não são relevantes, todos os traços que nada têm com o papel específico para o qual uma pessoa foi chamada para o palco da história.

O gestor eficaz perguntará, portanto: "Este homem tem força em *uma* área importante?". Essa força é relevante para a tarefa? Se ele consegue perfeição nessa única área, fará uma diferença significativa?

Se a resposta for "sim", ele designará a pessoa.

Os gestores eficazes raramente sofrem cometem o engano de pensar que duas mediocridades conseguem tanto quanto que, não seja medíocre. Eles aprendem que, regra geral, duas mediocridades conseguem menos que uma mediocridade: elas apenas conseguem colocar-se no caminho do outro. Aceitam que as capacidades devem ser específicas para conseguir resultados. Nunca falam de um "homem bom", e sempre de um homem que é "bom" para uma determinada tarefa. Para essa determinada tarefa, eles procuram os pontos fortes e designam pelo mérito.

Isso também subentende que eles focam na oportunidade para a nomeação – não nos problemas.

São, acima de tudo, intolerantes com a declaração: "Não posso dispensar este homem; eu ficaria em dificuldade sem ele". Já sabem que só há três explicações para o "homem indispensável": ele é realmente incompetente e só pode sobreviver se cuidadosamente escudado contra as exigências; sua força é mal empregada para encobrir um superior fraco, que não pode sustentar-se sozinho; ou sua força é mal empregada para retardar o ataque a um problema sério, se não for para encobrir sua existência.

Em cada uma dessas situações, o "homem indispensável" deverá ser removido de qualquer modo – e depressa. De outro modo, o que se consegue é destruir quaisquer pontos fortes que ele possa ter.

- O gestor-geral mencionado no Capítulo 3 pelas suas maneiras não convencionais de tornar eficazes as normas de aperfeiçoamento de gestores em uma grande cadeia de lojas, também decidia transferir, automaticamente, qualquer um cujo chefe considerava indispensável. "Isso significa", dizia ele, "que tenho um superior fraco ou um subordinado fraco – ou ambos. Seja qual for o caso, quanto mais cedo se descobrir, melhor".

Assim sendo, deve-se considerar como uma regra absoluta promover o homem que, pelo teste do desempenho, estiver mais bem qualificado para a função a ser preenchida. Todos os outros argumentos em contrário – "ele é indispensável"... "ele não será aceito pelo pessoal de lá"... "é muito jovem"... ou "nunca designamos ninguém para lá sem uma experiência específica" – devem ser rapidamente esquecidos. Não só a função merece o melhor homem; o homem de desempenho comprovado obtém a oportunidade. Aproveitando as oportunidades em lugar dos problemas, não se cria apenas uma organização mais eficaz, criam-se, também, entusiasmo e dedicação.

Inversamente, é dever do gestor remover implacavelmente qualquer um – e especialmente qualquer chefe – que consistentemente não consiga desempenhar-se com alta distinção. Deixar tal pessoa permanecer corromperá os outros. Isso é enormemente injusto em relação a organização e aos subordinados que são privados de oportunidades para a realização e o reconhecimento devido à incapacidade do seu superior. Acima de tudo, é uma crueldade sem sentido com o próprio homem. Ele sabe que não é o adequado, admita-o ou não para si mesmo. Na realidade, nunca encontrei ninguém em uma função para a qual não fosse adequado que não estivesse sendo lentamente destruído pela pressão e pela tensão, e que não quisesse, secretamente, sua salvação. É uma séria fraqueza – e desnecessária – como o "emprego permanente" japonês e vários serviços públicos do Ocidente que só consideram a incompetência comprovada como base para remoção.

- O general Marshall, durante a Segunda Guerra Mundial, insistia em que um oficial-general fosse imediatamente dispensado, quando se verificasse que ele era menos que brilhante. Mantê-lo no comando, argumentava, era incompatível com a responsabilidade que o Exército e a Nação deviam aos homens que eram colocados sob o comando de um oficial. Marshall recusava, peremptoriamente, ouvir a justificativa: "Mas não temos substituto"; "O que importa", declarava, "é que você sabe que esse homem não está à altura da tarefa. De onde virá seu substituto é o problema seguinte".

  Marshall também insistia em declarar que a dispensa de um homem de seu comando era menos um julgamento do homem do que do comandante que o nomeou. "A única coisa que sabemos é que esse é o lugar errado para este homem", ponderava. "Isso não quer dizer que ele não seja o homem ideal para algum outro lugar. Sua nomeação foi um erro; agora, cabe a mim achar o que ele pode fazer."

Assim, o general Marshall dá um bom exemplo de como alguém pode tornar a força produtiva. Quando ele atingiu, pela primeira vez, uma posição de influência, em meados da década de 1930, não havia nenhum general no Exército dos EUA que fosse bastante jovem para o serviço ativo. (O próprio Marshall apenas fugiu ao limite por quatro meses. Seria velho demais para ser Chefe do Estado-Maior se tivesse mais de 60 anos. Seu 60º aniversário foi a 31 de dezembro de 1939, e ele tinha sido nomeado a 1º de setembro do mesmo ano.) Os futuros generais da Segunda Guerra Mundial ainda eram subalternos, com poucas esperanças de promoção, quando Marshall começou a selecioná-los e treiná-los. Eisenhower era um dos mais velhos e, mesmo ele, era, naquele tempo, apenas major. Contudo, em 1942, Marshall havia organizado o maior e evidentemente mais competente grupo de oficiais-generais da história americana. Quase não houve fracasso entre eles nem muitos de segunda classe.

Isso – um dos maiores feitos educacionais da história militar – foi realizado por alguém a quem faltavam todos os adornos normais de "liderança", tais como magnetismo pessoal ou a altaneira autoconfiança de um Montgomery, um De Gaulle, ou um MacArthur. O que Marshall tinha eram princípios. "O que pode fazer este homem?", era sua pergunta constante. Se um homem podia fazer alguma coisa, suas deficiências se tornavam secundárias.

- Marshall, por exemplo, seguidamente veio em socorro de George Patton e garantiu que esse ambicioso, orgulhoso, mas poderoso comandante da Segunda Guerra Mundial não fosse punido pela ausência das qualidades que fazem um bom oficial de estado-maior e um bem-sucedido soldado profissional em tempo de paz. Apesar disso, o próprio Marshall, pessoalmente, detestava o arrojado *beau sabreur*, guerreiro audacioso, representado por Patton.

Marshall apenas se preocupava com as fraquezas quando elas limitavam o desenvolvimento completo da potencialidade de um homem. Ele procurava sobrepujá-las por meio de trabalho e oportunidades na carreira.

- O jovem Major Eisenhower, por exemplo, foi, muito deliberadamente, colocado por Marshall no planejamento de guerra em meados da década de 1930, para que conseguisse adquirir o conhecimento estratégico sistemático, que aparentemente lhe faltava. O resultado não foi Eisenhower tornar-se um estrategista, mas ele adquiriu respeito pela estratégia e uma compreensão de sua importância, e, com isso, removeu uma séria limitação à sua grande capacidade como organizador de equipes e planejador tático.

Marshall sempre designou o homem mais qualificado, por mais que ele fosse necessário onde estava. "Essa movimentação devemos ao cargo... ao homem e à tropa", era sua resposta quando alguém –

normalmente algum superior – lhe pedia para não tirar um homem "indispensável".

- Ele só fez uma exceção: quando o presidente Roosevelt declarou que Marshall lhe era indispensável, Marshall ficou em Washington, deu o comando supremo na Europa a Eisenhower, abandonando, assim, o sonho de sua vida.

Finalmente, Marshall sabia – e qualquer um pode aprender isso com ele – que qualquer decisão sobre pessoas é um jogo. Baseando-a no que um homem pode fazer, ela se torna, pelo menos, um jogo racional.

Um superior é responsável pelo trabalho dos outros, e também tem poder sobre a carreira dos outros. Tornar produtiva a força é muito mais, portanto, do que a essência da eficácia. É um imperativo moral, uma responsabilidade de autoridade e posição. Focar na fraqueza não é apenas tolice; é irresponsabilidade. É um dever do superior para com a organização tornar a força de cada um de seus subordinados tão produtiva quanto possa ser, mas é também seu dever para com os seres humanos sobre os quais exerce autoridade ajudá-los a conseguir o máximo de toda a força de que eles disponham.

A organização deve servir ao indivíduo para que este realize suas funções com todas as suas forças e independentemente de suas limitações e fraquezas.

Isso está se tornando cada vez mais importante, até mesmo crítico. Há apenas uma curta geração, o número e a variedade de trabalhos intelectuais (de conhecimento) eram pequenos. Para ser servidor público nos governos alemão e escandinavo, era necessário ter um título de advogado. Não adiantava ao matemático inscrever-se. Inversamente, um jovem que quisesse ganhar a vida por meio de seus conhecimentos tinha apenas três ou quatro campos ou empregos a escolher. Hoje, existe uma desnorteante variedade de trabalho intelectual e uma igualmente desnorteante variedade de empregos à escolha dos trabalhadores do conhecimento. Por volta de 1900, os únicos campos de conhecimento para todos os fins ainda eram as profissões tradicionais – advocacia, medicina, professorado e sacerdócio. Há, hoje, literalmente centenas de disciplinas diferentes. Ainda mais, praticamente cada ramo do conhecimento está sendo produtivamente utilizado nas e pelas organizações, especialmente, é lógico, pelas empresas e pelo governo.

Por outro lado, portanto, uma pessoa pode, hoje, procurar encontrar a área de conhecimentos e a espécie de trabalho que são mais apropriadas para suas próprias capacidades. Não precisa mais, como no passado recente, adaptar-se às áreas e aos empregos disponíveis. Por outro lado, tornou-se cada vez mais difícil para um jovem fazer a escolha, uma vez que não tem informação suficiente a respeito de si mesmo nem sobre as oportunidades.

Por isso, torna-se muito mais importante para o indivíduo que ele seja orientado para tornar sua força produtiva; também torna-se importante para a organização que seus gestores foquem na força e trabalhem para torná-la produtiva em seu próprio grupo e por seus subordinados.

Escolher o pessoal com base nos pontos fortes é, portanto, essencial para a própria eficácia do gestor e da organização, mas o é, igualmente, para o indivíduo e para a sociedade, em um mundo de trabalho do conhecimento.

■ Como é que administro meu chefe?

Acima de tudo, o gestor eficaz procura tornar integralmente produtiva a força de seu próprio superior.

Ainda não encontrei um administrador nos negócios, no governo ou em qualquer outra instituição que não tenha dito: "Não tenho grande dificuldade de dirigir meus subordinados, mas como vou dirigir meu chefe?". É, na realidade, notavelmente fácil – mas só os gestores eficazes sabem disso. O segredo é que os gestores eficazes tornam produtiva a força de seu chefe.

- Isso deveria ser uma consideração elementar. Ao contrário da lenda popular, os subordinados não sobem, em geral, a posições e proeminência sobre os corpos prostrados de chefes incompetentes. Se seu chefe não é promovido, a tendência é que fique "engarrafado" atrás dele. E, se o chefe é dispensado por incompetência ou fracasso, o sucessor raramente será o brilhante jovem colocado logo depois dele. Normalmente, virá de fora e trará com ele seus próprios jovens brilhantes. Inversamente, nada é tão condutor ao sucesso quanto um superior bem-sucedido e rapidamente promovido.

Mas, muito além da prudência, tornar a força do chefe produtiva é a chave para a própria eficácia do subordinado. Permite-lhe focar em sua própria contribuição de tal maneira que encontre receptividade nos altos gabinetes, onde sua força poderá ser devidamente utilizada. Vai permitir-lhe também realizar as coisas nas quais acredita.

Não é com adulação que se torna produtiva a força do chefe. Consegue-se isso, começando com o que está certo e apresentando seu ponto de vista de um modo acessível ao superior.

O gestor eficaz aceita o fato de seu superior ser humano (algo que jovens e inteligentes subordinados acham difícil aceitar, muitas vezes). Como o superior é humano, ele tem seus pontos fortes, mas também tem limitações. Construir com base em sua força, isto é, permitir-lhe fazer o que ele pode, torná-lo-á eficaz – e também tornará o subordinado eficaz. Tentar construir com base em suas fraquezas será tão frustrante e tão insensato quanto querer construir sobre as fraquezas de um subordinado. O gestor eficaz, portanto, pergunta: "O que meu chefe pode realmente fazer bem?", "O que é que ele já fez realmente bem?", "O que é que ele precisa saber para usar sua força?", "O que é que ele precisa receber de mim para realizar?". Ele não se preocupa muito com o que o chefe não pode fazer.

- Em geral, os subordinados querem "mudar" o chefe. O competente funcionário público antigo está sempre inclinado a se ver como o tutor do recém-nomeado chefe político de sua repartição. Procura fazer com que ele vença suas limitações. Os eficazes, contudo, fazem a pergunta: "O que é que o novo chefe pode fazer? E, se a resposta é: "Ele é bom para as ligações com o Congresso, com a Casa Branca e com o público", o funcionário trabalha, então, para que ele possa usar essas capacidades, porque a melhor administração e as melhores decisões políticas são fúteis, a não ser que haja habilidade política para representá-las. Logo que o político verifica que o funcionário o apoia passa a ouvi-lo sobre a orientação e a administração.

O gestor eficaz também sabe que o chefe, sendo humano, tem seus próprios métodos de ser eficaz. Ele procura conhecer esses métodos. Podem ser apenas maneiras e hábitos, mas são fatos.

Admito ser claramente óbvio, para todos os que podem ver, que as pessoas são "leitores" ou "ouvintes", exceto apenas o pequeno grupo que obtém suas informações falando e observando, com uma espécie de radar psíquico, as reações das pessoas com quem falam. (Tanto o presidente Franklin Roosevelt quanto o presidente Lyndon Johnson pertencem a essa categoria, assim como, aparentemente, Winston Churchill.)

Os indivíduos que são tanto leitores quanto ouvintes – e, em regra, os advogados criminais têm de ser ambos – são exceções. Em geral, é perda de tempo falar a um leitor. Ele só ouve depois de ter lido. Do mesmo modo, é inútil submeter um relatório volumoso a um ouvinte; ele só consegue compreender do que se trata pela palavra falada.

Algumas pessoas precisam que as coisas lhes sejam apresentadas em resumos de uma página. (O presidente Eisenhower precisava disso para poder agir.) Outros necessitam poder acompanhar o processo mental da pessoa que lhes faz a recomendação e, por isso, exigem um longo relatório antes que qualquer coisa tenha algum significado para eles. Alguns superiores querem ver 60 páginas de números sobre qualquer coisa; outros têm de participar desde o princípio para se preparar para a decisão final. Finalmente, outros não querem nem mesmo ouvir falar sobre o assunto até que ele esteja "amadurecido".

A adaptação necessária para observar os pontos fortes do chefe e tentar fazê-los produtivos sempre afeta o "como", mais do que o "que". Isso se refere à ordem em que diferentes áreas, todas elas relevantes, são apresentadas, mais do que o que é importante ou certo. Se a força do superior é sua habilidade política, em uma função em que a habilidade política é realmente relevante, então deve se lhe apresentar, em primeiro lugar, o aspecto político de uma situação. Isso o habilita a perceber do que se trata e a colocar toda a sua força, de modo eficaz, em apoio a uma nova política.

Todos nós somos "peritos" em outras pessoas e as vemos muito mais claramente do que elas mesmas se veem. Tornar o chefe eficaz é, portanto, normalmente muito mais fácil, porém, as exige o foco em sua força e no que ele pode fazer; exige construir sobre os pontos fortes, para tornar as fraquezas irrelevantes. Poucas coisas tornam um gestor tão eficaz quanto a construção com base na força de seu superior.

▪ TORNAR A SI MESMO EFICAZ

Os gestores eficazes lideram por sua força em seu próprio trabalho. Tornam produtivo aquilo que podem fazer.

A maioria dos gestores que conheço no governo, em hospitais, nos negócios, sabe todas as coisas que pode fazer, mas se preocupam demais com o que os chefes não os deixam fazer, com o que as normas da companhia não permitem que façam, com o que o governo não deixa que realizem, e assim por diante. Em consequência, perdem seu tempo e sua força, queixando-se de coisas sobre as quais nada podem fazer.

Os gestores eficazes também se preocupam, logicamente, com limitações. É espantoso, contudo, quantas coisas eles descobrem que podem e que valem a pena ser feitas. Enquanto os outros ficam se queixando de sua incapacidade para fazer qualquer coisa, os gestores eficazes vão e fazem. Em consequência, as limitações que tanto pesam sob seus companheiros muitas vezes se dissipam.

- Todos as pessoas componentes da administração de uma das maiores estradas de ferro sabiam que o governo não deixaria a companhia fazer coisa alguma. Um novo vice-presidente financeiro, entretanto, assumiu a função sem ainda ter aprendido a "lição". Foi a Washington, procurou a Comissão de Comércio Interestadual e pediu permissão para fazer algumas coisas bastante radicais. "A maior parte dessas coisas", disse-lhe o chefe da Comissão, "não nos interessa. Quanto às outras, você tem de tentar e testar, e, então, ficaremos satisfeitos de poder autorizá-las."

A declaração de que "alguém não me deixa fazer nada" deve ser sempre suposta como uma cobertura para a inércia. Contudo, mesmo quando a situação estabelece limitações – e todos vivem e trabalham dentro de limitações bastante rígidas –, há, normalmente, coisas importantes, significativas e pertinentes que podem ser feitas.

O gestor eficaz as procura. Se ele começar pela pergunta: "O que posso fazer?", certamente verificará que, na realidade, pode fazer muito mais do que lhe permitem o tempo e os meios de que dispõe.

Tornar produtivos os pontos fortes é igualmente importante em relação aos seus próprios hábitos de trabalho e capacidades.

Não é muito difícil saber *como* conseguimos resultados. Quando atingimos a idade adulta, já sabemos perfeitamente se trabalhamos melhor à noite ou pela manhã. Sabemos, normalmente, se escrevemos melhor fazendo muitos rascunhos depressa ou trabalhando meticulosamente em cada frase até que esteja certa. Sabemos se falamos melhor em público com um texto preparado, com notas, sem nenhum apoio, ou se não devemos falar em público. Sabemos se trabalhamos bem como membros de uma comissão ou se o fazemos melhor sozinhos – ou se somos totalmente improdutivos como membros de uma comissão.

Algumas pessoas trabalham melhor se têm um esboço detalhado à sua frente, isto é, se tiverem pensado completamente a respeito do trabalho antes de começá-lo. Outros fazem melhor sem coisa alguma, ou no máximo com umas notas bem gerais. Uns trabalham melhor sob pressão; outros, se dispuserem de uma grande quantidade de tempo e puderem acabar o trabalho muito antes do prazo marcado. Uns são "leitores", outros "ouvintes". Tudo isso as pessoas sabem a respeito de si próprias – tal como sabem se são canhotas ou não.

Essas coisas, alguém dirá, são superficiais. Isso não é necessariamente correto – muitos desses traços e hábitos espelham fundamentos da personalidade de uma pessoa, tais como sua percepção do mundo e de si mesmo dentro dela. Mas, mesmo que fossem superficiais, esses hábitos de trabalho são uma fonte de eficácia, e muitos deles são compatíveis com qualquer tipo de trabalho. O gestor eficaz sabe disso e age de acordo.

Em síntese, o gestor eficaz procura ser ele mesmo; não pretende ser nenhuma outra pessoa. Ele analisa seu próprio desempenho e seus próprios resultados e procura descobrir uma norma. "Quais são as coisas", ele se pergunta, "que pareço ser capaz de fazer com relativa facilidade, enquanto elas são bastante difíceis para os outros?". Por exemplo, uma pessoa pode achar fácil escrever um relatório alentado, enquanto outras acham isso difícilimo. Mas, ao mesmo tempo, porém, ela acha árduo e pouco gratificante enfrentar a tarefa de executar as decisões e tarefas importantes originadas pelo relatório. Essa pessoa é, em outras palavras, mais eficaz como executante auxiliar, que organiza e apresenta os problemas, do que como tomadora de decisões, que assume responsabilidade de comando.

Podemos saber, a nosso respeito, que executamos bem uma tarefa, normalmente, quando trabalhamos sozinhos do princípio ao fim. Podemos saber que, em regra, nos saímos bem em negociações, particularmente nas emocionais, tais como a negociação de um contrato sindical, mas, ao mesmo tempo, sabemos se nossas próprias previsões sobre o que o sindicato vai exigir têm sido usualmente corretas ou não.

Essas não são as coisas que a maioria das pessoas têm em mente quando se referem a pontos fortes ou fraquezas de uma pessoa. Normalmente, pensam no conhecimento de uma disciplina ou no talento em alguma arte. Mas o temperamento é também um fator influente no desempenho, e um grande fator. Um adulto normalmente conhece bastante seu próprio temperamento. Para ser eficaz, ele constrói sobre o que sabe que pode fazer e o faz da maneira que ele já verificou ser seu melhor modo de trabalhar.

Ao contrário de tudo o que se tratou neste livro até agora, tornar a força produtiva é mais uma atitude que uma prática; contudo, pode ser aperfeiçoada pela prática. Se alguém se habitua a perguntar a respeito de seus associados – tanto subordinados como superiores – "O que este homem pode fazer?" em vez de "O que ele não pode fazer?", conseguirá, muito cedo, uma atitude de procurar a força e de usá-la. Finalmente, aprenderá a fazer a pergunta a si próprio.

Em cada área de eficácia dentro de uma organização, *alimentam-se as oportunidades e enfraquece-se o problema*. Em nenhum setor isso é mais importante que em relação às pessoas. O gestor eficaz olha as pessoas, inclusive ele mesmo, como oportunidades; sabe que somente a força produz resultados. A fraqueza só traz dores de cabeça – e a ausência de fraqueza não produz coisa alguma.

Sabe, também, que o padrão de qualquer grupo humano é estabelecido pelo desempenho dos líderes. Por isso, nunca permite que o desempenho da liderança seja fundamentado em outro valor que não a verdadeira força.

- Nos esportes, todos já aprenderam que, no momento em que é estabelecido novo recorde, todos os atletas do mundo adquirem uma nova dimensão de realização. Durante muitos anos, ninguém conseguia correr uma milha em menos de 4 minutos. De repente, Roger Bannister quebrou o velho recorde. Logo em seguida, muitos corredores foram se aproximando daquela marca anterior, enquanto novos líderes começaram a atravessar a barreira dos 4 minutos.

Em outras palavras, em assuntos humanos, a distância entre os líderes e a média do grupo é uma constante. Se o desempenho da liderança é elevado, a média subirá. O gestor eficaz sabe que é mais fácil melhorar o desempenho de um líder do que o de toda a massa. Ele, então, procura ter a certeza de colocar na posição de liderança, de estabelecimento de padrões, de exemplo de desempenho, uma pessoa que tem força para realizar o excepcional, o exemplar. Isso sempre exige o foco na força de uma pessoa e o desprezo das fraquezas como irrelevantes, a não ser que estas possam perturbar o pleno desenvolvimento da força disponível.

A tarefa de um gestor não é modificar os seres humanos. Bem ao contrário, como nos mostra a Bíblia na Parábola dos Talentos, a missão é multiplicar a capacidade de desempenho do todo, pondo em uso toda a força, toda a saúde, toda a aspiração que existe nos indivíduos.

5

Primeiro as Primeiras Coisas

- ▪ ESQUECER O PASSADO, 129
- ▪ PRIORIDADES E POSTERIORIDADES, 134

SE EXISTE ALGUM "SEGREDO" EM EFICÁCIA É A CONCENTRAÇÃO. OS GESTORES EFICAZES FAZEM PRIMEIRO AS PRIMEIRAS COISAS, E UMA COISA DE CADA VEZ.

A NECESSIDADE DE CONCENTRAÇÃO É FUNDAMENTADA NÃO SÓ NA NATUREZA DA FUNÇÃO DE GESTOR, MAS NA NATUREZA HUMANA.

Devem, portanto, já ser evidentes várias razões para isso:

Há sempre contribuições mais importantes a serem feitas do que tempo disponível para realizá-las. Qualquer análise das contribuições de um gestor faz surgir uma embaraçadora riqueza de tarefas importantes; e qualquer análise do tempo de um gestor torna evidente uma embaraçadora escassez de tempo disponível para o trabalho com que realmente contribui. Por melhor que o gestor consiga controlar seu tempo, a maior parte dele continuará a não ser seu. Portanto, haverá sempre um déficit de tempo.

Quanto mais o gestor focar em contribuições elevadas, mais ele necessitará de períodos de tempo bastante longos. Quanto mais procurar resultados em vez de manter-se ocupado, mais se voltará para esforços contínuos – esforços que necessitam de um *quantum* de tempo bastante grande para dar frutos. Contudo, para conseguir esse meio dia ou essas duas semanas de tempo realmente produtivo, há necessidade de uma autodisciplina e uma férrea determinação de dizer "não".

Do mesmo modo, quanto mais um gestor trabalha para tornar produtiva a força, mais se torna consciente da necessidade de concentrar a força humana disponível nas oportunidades mais importantes. Este é o único caminho de se conseguir resultados.

A concentração é ditada pelo fato de que a maioria das pessoas acha difícil fazer bem uma única coisa, quanto mais duas. O homem é realmente capaz de fazer uma diversidade de coisas espantosamente grande; a humanidade é uma "ferramenta para todos os fins". Contudo, a maneira de aplicar produtivamente essa amplitude do homem é procurar reunir um grande número de possibilidades individuais em uma mesma tarefa. É a concentração em que todas as faculdades são focadas em uma realização.

- Com toda a razão, consideramos o malabarismo com bolas uma proeza de circo, mas mesmo o malabarista só o faz durante mais ou menos dez minutos. Se ele continuasse por muito mais tempo, acabaria por deixar cair todas as bolas.

É evidente que as pessoas são todas diferentes. Algumas realizam seus melhores trabalhos quando executam duas tarefas ao mesmo tempo, apresentando, assim, uma mudança de ritmo, mas isso pressupõe que deem a cada uma das tarefas o mínimo necessário para conseguir alguma coisa realizada. Penso, entretanto, que pouquíssimas pessoas possam realizar, com perfeição, três importantes tarefas, simultaneamente.

■ Mozart, naturalmente, foi um exemplo disso; ele podia, ao que parece, trabalhar em várias composições ao mesmo tempo, e todas elas obras-primas, mas é a única exceção conhecida. Os outros prolíficos compositores de primeira plana – Bach, por exemplo, Handel, Haydn ou Verdi – compunham uma obra de cada vez. Não começavam a seguinte antes de terminar a anterior ou de ter deixado de trabalhar nela e resolvido guardá-la na gaveta. Os gestores dificilmente poderão imaginar-se como "gestores Mozart".

A concentração é necessária precisamente porque o gestor tem de enfrentar tantas tarefas bradando para serem feitas. Fazer uma coisa de cada vez significa fazê-la depressa. Quanto mais se pode concentrar tempo, esforços e meios, tanto maiores o número e a diversidade de tarefas que a pessoa pode realmente executar.

■ Não conheci nenhum gestor-geral de qualquer tipo de trabalho que conseguisse realizar mais que o chefe de uma firma farmacêutica, recentemente aposentado. Quando ele começou, a companhia era pequena e operava em um único país. Quando se aposentou, 11 anos após, a companhia se tornara líder mundial.

Trabalhou durante os primeiros anos exclusivamente em pesquisa, programas e pessoal para pesquisas. A organização nunca havia sido líder em pesquisa e, normalmente, era tardia até mesmo como acompanhante. O novo gestor-geral não era um cientista, mas verificou que a companhia tinha de parar de só realizar cinco anos mais tarde o que as líderes já haviam feito cinco anos antes. Tinha de se lançar em sua própria direção.

Em consequência, em cinco anos, conseguiu uma posição de liderança em dois novos campos importantes. O chefe passou, então, a organizar uma companhia internacional – anos depois que as líderes, tal como as antigas casas farmacêuticas suíças, já haviam estabelecido sua predominância em todo o mundo. Analisando cuidadosamente o consumo de remédios, concluiu que as companhias de seguro médico e os serviços de saúde do governo constituíam os principais estímulos para a procura de remédios. Fazendo coincidir sua entrada em um novo país com uma maior expansão dos serviços de saúde, conseguiu começar forte em países onde sua companhia nunca havia estado antes, e sem ter de conquistar mercados das bem-estabelecidas empresas internacionais de medicamentos.

Os últimos cinco anos de sua gestão foram concentrados na elaboração de uma estratégia apropriada à natureza da política sanitária moderna que está transformando os serviços médicos em uma "utilidade pública", em que organismos públicos, tais como governo, hospitais públicos e organizações semipúblicas (tais como a Cruz Azul nos EUA) pagam as contas, enquanto um indivíduo, o médico, decide o que comprar realmente. Ainda era cedo para dizer se sua estratégia teria sucesso – só foi finalmente completada em 1965, pouco antes de sua aposentadoria –, mas foi a única das grandes companhias farmacêuticas que conheço que pensou em estratégia, política de preços, comercialização e relações industriais em escala mundial.

Não é comum um único gestor principal realizar tarefa de tal importância durante sua gestão inteira. Contudo, esse homem conseguiu realizar três – além de construir uma organização internacional forte e com ótimo pessoal. Ele só o fez por meio de uma concentração mental em uma tarefa de cada vez.

Este é o "segredo" dessas pessoas que "conseguem fazer tantas coisas ao mesmo tempo" e, aparentemente, tantas coisas difíceis. Fazem uma de cada vez. Em consequência, precisam, afinal, de muito menos tempo do que qualquer um de nós.

- As pessoas que nada conseguem fazer trabalham, muitas vezes, muito mais. Em primeiro lugar, subestimam o tempo necessário para qualquer tarefa. Sempre esperam que tudo vá correr bem. E, como todo gestor sabe, nada vai sempre bem. O inesperado sempre acontece – o inesperado é, aliás, a única coisa que devemos certamente esperar; e, raramente, é uma surpresa agradável. Os gestores eficazes, portanto, sempre deixam uma boa margem de tempo além do que é realmente necessário. Em segundo lugar, o gestor típico (isto é, o mais ou menos ineficaz) tenta apressar – o que só faz colocá-lo cada vez mais para trás. Gestores eficazes nunca apostam corridas, estabelecem um passo razoável, mas se mantêm constantes. Finalmente, o gestor típico tenta fazer muitas coisas ao mesmo tempo. Daí nunca terem o mínimo de tempo necessário para qualquer uma das tarefas do seu programa. Se uma delas apresenta dificuldades, todo o seu programa se esfacela.

Os gestores eficazes sabem que têm de fazer com que muitas coisas sejam realizadas – e executadas eficazmente. Assim, concentram seus próprios tempo e energia, bem como os de sua organização, para realizar uma coisa de cada vez, e fazer, antes de tudo, as primeiras coisas.

ESQUECER O PASSADO

A primeira regra para a concentração dos esforços pelo gestor é esquecer o passado, que parou de ser produtivo. Os gestores eficazes reveem periodicamente seus programas de trabalho – e os de seus associados – e perguntam: "Se ainda não fizemos isto, devemos fazê-lo *agora?*". A não ser que a resposta seja um "sim" incondicional, abandonam a atividade ou a reduzem vigorosamente. Pelo menos, asseguram-se de que não sejam investidos novos meios em um passado que já não é mais produtivo; e os meios de primeira classe, especialmente os escassos recursos de força humana que estiverem engajados nessas tarefas de ontem, são imediatamente retirados e postos para trabalhar nas oportunidades de amanhã.

Os gestores, quer queiram quer não, estão sempre descarregando o peso do passado. Isso é inevitável. O presente é sempre o resultado das ações e decisões tomadas ontem. O homem, porém, seja qual for seu título ou hierarquia, não pode prever o futuro. As ações e decisões de ontem, por mais corajosas e sábias que tenham sido, tornam-se, inevitavelmente, nos problemas e crises de estupidez de hoje. Contudo, a função específica do gestor – quer trabalhe no governo, em empresas ou qualquer outra instituição – é aplicar os recursos de hoje em benefício do futuro. Isso significa que todos os gestores sempre despendem tempo, energia e engenhosidade, remendando ações e decisões de ontem, sejam suas ou de seus antecessores. Na realidade, isso lhes toma mais horas do dia do que qualquer outro trabalho.

Podemos, ao menos, tentar limitar essa servidão ao passado, cortando as atividades e tarefas herdadas que tenham parado de prometer resultados.

Ninguém tem muita dificuldade em se livrar dos fracassos totais; eles se liquidam por si. Os sucessos de ontem, porém, se prolongam até muito depois de sua vida produtiva.

Muito mais perigosas são as atividades que deveriam ser boas e que, por uma ou outra razão, não apresentam resultados. Estas tendem, como escrevi em meu livro *Managing for Results,* a se tornar "investimentos do ego administrativo" e sagradas. Contudo, a não ser que sejam podadas, e podadas sem piedade, drenarão o sangue vital de uma organização. É sempre o pessoal mais capaz que se perde na fútil tentativa de obter do investimento do ego administrativo o sucesso que ele "merece".

- Qualquer organização é altamente suscetível a essas doenças gêmeas, mas elas predominam particularmente no governo. Os programas e as atividades do governo envelhecem tão depressa quanto os de qualquer outra instituição. Contudo, eles não são apenas considerados como eternos; são soldados à estrutura por meio de normas de serviço público e imediatamente se transformam em direitos adquiridos, com seu próprio porta-voz no Legislativo.

Isto não era perigoso quando o governo era pequeno e tinha pouca influência na vida social, como aconteceu até 1914. O governo de hoje, porém, não pode arcar com o ônus do desvio de seus meios e energias para o passado. Contudo, podemos estimar que pelo menos metade das repartições e órgãos do governo federal dos EUA controla o que não precisa mais de controle – por exemplo, a Comissão de Comércio Interestadual, cujos principais esforços são dirigidos para a proteção do público contra um monopólio das estradas de ferro, que desapareceu há 30 anos. Ou são dirigidos, como a maior parte do programa agrário, como investimento dos egos dos políticos e para esforços que deveriam ter tido resultado, mas que nunca tiveram.

Há grande necessidade para uma nova norma de administração eficaz, pela qual cada ato, cada agência e cada programa de governo sejam conceituados como temporários, devendo expirar automaticamente depois de determinados anos – talvez dez –, a não ser que sejam especificamente prolongados por nova legislação, depois de cuidadoso estudo externo do programa, seus resultados e suas contribuições.

O presidente Johnson, em 1965/1966, determinou tal estudo a respeito de todas as repartições do governo e de seus programas, adaptando a "revisão de programa" que o Secretário McNamara tinha estabelecido para livrar o Departamento de Defesa dos obstáculos oferecidos por trabalhos obsoletos e improdutivos. É um bom primeiro passo, e urgentemente necessário, mas não produzirá resultados enquanto mantivermos a suposição tradicional de que todos os programas durem para sempre, a não ser que fique provada sua sobrevivência à própria utilidade. Deveríamos, antes, supor que todos os programas ultrapassam, em breve, sua utilidade e que devem ser rasgados, a não ser que se mostrem produtivos e necessários.

De outro modo, os governos modernos, enquanto sufocam cada vez mais a sociedade sob normas, regulamentos e formulários, sufocar-se-ão em sua própria expansão.

Embora o governo seja particularmente ameaçado pela "obesidade" organizacional, nenhuma outra organização está imune à doença. O executivo de uma grande empresa que se queixa, em alto e bom som, da burocracia do governo pode encorajar, em sua própria companhia, o aumento de "controles" que não controlam coisa alguma, a proliferação de estudos que são apenas uma capa para sua própria pouca vontade de fazer face a uma decisão, a inflação de todos os tipos de assessores para todos os tipos de pesquisa ou "relações". Ele mesmo pode estar perdendo seu tempo, e o de todo esse pessoal-chave, no produto obsoleto de ontem, deixando à míngua o produto bem-sucedido de amanhã. O acadêmico, que é enfático na denúncia contra os grandes negócios, pode estar lutando com todo o vigor na reunião da congregação para prolongar a vida de um assunto obsoleto, tornando-o um curso obrigatório.

O gestor que quer ser eficaz e que deseja que sua organização seja eficaz está continuamente policiando todos os programas, todas as atividades, todas as tarefas. Está sempre perguntando: "Ainda vale a pena fazer isso?". E, se não vale, livra-se disso para poder concentrar-se nas poucas tarefas que, executadas com perfeição, farão uma real diferença nos resultados de seu próprio trabalho e no desempenho da organização.

Acima de tudo, o gestor eficaz esquecerá uma antiga atividade antes de iniciar uma nova. Isso é necessário para manter um "controle de peso" organizacional. Sem ele, a organização em breve perderá forma, coesão e maneabilidade. As organizações precisam ser "magras e musculosas", tanto quanto os organismos biológicos.

É verdade, como qualquer gestor o sabe, que nada que é novo é fácil; sempre provoca dificuldades. A não ser que se tenha construído o novo empreendimento com os meios para repará-lo quando navegar pela tempestade, será condená-lo ao fracasso desde o início. O único meio eficaz de reparação do novo será o pessoal que já tenha comprovado sua capacidade de realizar; e esse pessoal já está sempre mais ocupado do que poderia. A não ser que aliviemos um deles de sua carga atual, não se pode esperar que possa assumir outro encargo.

A alternativa – "empregar" novas pessoas para novas tarefas – é muito arriscada. Empregam-se novas pessoas para expandir uma atividade já estabelecida e que esteja funcionando bem, mas as coisas novas devem ser iniciadas com pessoal de força testada e comprovada, isto é, com veteranos. Qualquer tarefa nova já é tão arriscada – mesmo que outras empresas já tenham feito a mesma coisa muitas vezes antes – que um gestor experimentado e eficaz não adicionará, se humanamente possível, o risco suplementar de empregar um estranho para que dela se encarregue. Ele já aprendeu, pelo método mais difícil, que muitos homens, que parecem gênios quando estão trabalhando em outros lugares, mostram-se fracassados seis meses depois de terem começado a trabalhar "para nós".

■ Uma organização precisa trazer novas pessoas com novos pontos de vista, com bastante frequência. Se apenas promove os de dentro, em breve poderá vir a tornar-se estéril. Mas, sempre que possível, não se devem trazer os novatos para onde os riscos são exorbitantes, isto é, para as altas posições administrativas ou para a chefia de uma nova atividade importante. Eles devem vir para posições logo abaixo da cúpula e para atividades já perfeitamente definidas e razoavelmente bem compreendidas.

O esquecimento sistemático do antigo é um e o único meio de forçar o novo. Não há falta de ideias em nenhuma das organizações que conheço. "Criatividade" não é problema para nós, mas poucas organizações conseguem manter-se dentro de suas próprias boas ideias. Todo mundo está muito ocupado com as tarefas do passado. Colocar todos os programas e atividades em julgamento, regularmente, e livrar-se dos que não conseguem provar sua produtividade, opera milagres no estímulo da criatividade, mesmo na mais obstinada burocracia.

- A companhia DuPont tem feito isso de modo muito melhor do que qualquer outra companhia de produtos químicos do mundo, principalmente porque a DuPont descontinua um produto ou um processo *antes* que ele comece a declinar. Ela não investe recursos escassos de pessoal e dinheiro na defesa do passado. A maioria das outras empresas, contudo, dentro ou fora da indústria química, é dirigida segundo outros princípios, a saber: "Haverá sempre mercado para uma fábrica eficiente" e "Este produto fez esta companhia e é nosso dever manter para ele o mercado que merece".

    São essas outras companhias, contudo, que mandam seus gestores aos seminários sobre criatividade e que se queixam da ausência de novos produtos. A DuPont está ocupada demais fabricando e vendendo novos produtos para fazer estas coisas.

É universal a necessidade de retirar de linha antigos produtos para tornar possível a criação de novos. É razoavelmente certo que ainda teríamos diligências – nacionalizadas, certamente, altamente subvencionadas e com um fantástico programa de pesquisa de "treinamento de cavalos" – se tivesse havido ministérios de transportes por volta de 1825.

Prioridades e posterioridades

Há sempre mais tarefas produtivas a serem realizadas do que tempo para executá-las e mais oportunidades do que pessoas para se encarregarem delas – para não mencionar os sempre abundantes problemas e crises.

Uma decisão, portanto, tem de ser tomada sobre as tarefas que devem ser priorizadas e as que são de menor importância. O único problema é quem vai tomar a decisão – o gestor ou as pressões. Assim, as tarefas só serão ajustadas ao tempo disponível e as oportunidades aproveitadas se houver pessoas capazes de se encarregar destas atividades.

Se, em vez do gestor, forem as pressões que venham a tomar a decisão, as tarefas importantes serão certamente sacrificadas. Deste modo, não haverá tempo para a parte mais consumidora de tempo de qualquer tarefa, a conversão de decisão em ação. Nenhuma tarefa estará completa até que se torne parte da ação e do comportamento organizacional. Isso quase sempre significa que nenhuma tarefa estará completa a não ser que outras pessoas a tomem como sua responsabilidade, tenham aceitado novos modos de fazer coisas antigas ou necessidade de fazer algo novo, e tenham a convicção de que realizaram um trabalho completo a cada dia. Se isso for desprezado porque não há tempo, então todo o trabalho e todo o esforço terão sido em vão, resultando, assim, em um invariável fracasso do gestor em concentrar e impor prioridades.

Outro resultado previsível de permitir que as pressões definam as prioridades é que o trabalho da alta administração não poderá ser feito de modo algum. Esse é um trabalho sempre adiável porque não tenta resolver as crises de ontem, mas criar um amanhã diferente. E as pressões sempre favorecem o ontem. Em particular, o grupo da alta administração que se deixa controlar pelas pressões desprezará o único trabalho que ninguém mais pode fazer; não prestará atenção ao que se passa fora da organização. Perderá, assim, o contato com a única realidade, a única área em que há resultados, porque as pressões sempre favorecem o que se passa dentro da organização; sempre favorecem o que aconteceu contra o futuro; a crise contra a oportunidade; o imediato e visível contra o real; o urgente contra o relevante.

Contudo, a tarefa não é estabelecer prioridade. Isso é fácil; qualquer um pode fazê-lo. A razão por que tão poucos gestores conseguem concentrar-se é a dificuldade de estabelecer o que pode ser postergado; isto é, decidir que tarefas não atacar – e de se manter na decisão tomada.

Muitos gestores aprenderam que o que adiamos, na verdade abandonamos. Uma grande quantidade deles suspeita que não há nada menos agradável do que retomar, mais tarde, um projeto que se adiou quando ele se apresentou pela primeira vez. A ocasião estará quase com certeza errada, e a oportunidade é um dos mais importantes elementos no sucesso de qualquer esforço. Fazer cinco anos depois o que teria sido apropriado fazer cinco anos antes é quase uma receita garantida para frustração e fracasso.

- Fora dos romances vitorianos, a felicidade não virá ao casamento de duas pessoas que quase se uniram aos 21 anos e que se reencontraram, depois, aos 38, viúvas. Se tivessem se casado aos 21, essas pessoas poderiam ter tido uma oportunidade de crescer juntas, mas, 17 anos após, ambas terão mudado, crescido separadas e seguido seus próprios caminhos.

    O homem que queria ser médico quando jovem, mas foi forçado a ingressar na área de administração, e que, agora, aos 50 anos, bem-sucedido em sua carreira de administrador, volta ao primeiro amor e se matricula em uma escola de Medicina, provavelmente não chegará ao fim e muito menos será um médico bem-sucedido. Poderá ter sucesso se houver uma motivação extraordinária, tal como um impulso religioso forte para se tornar um médico missionário. De outro modo, achará penoso o estudo e o aprendizado rotineiro da escola, além de sua capacidade de suportá-los, e a própria prática médica lhe parecerá simplória e tediosa.

    A fusão, que parecia tão perfeita seis ou sete anos antes, mas que teve de ser adiada porque o presidente de uma das companhias se recusou a ficar sob as ordens do outro, raramente será o perfeito "casamento" para qualquer uma das duas, quando o executivo teimoso finalmente se aposentar.

Como realmente abandonamos tudo o que é adiado, os gestores se tornam receosos em adiar qualquer coisa. Sabem que esta ou aquela tarefa não é a primeira prioridade, mas postergá-la é arriscado. O que relegamos pode vir a ser o triunfo do competidor. Não se pode garantir que aquele aspecto político que um administrador ou mesmo um político tenha desprezado não se torne um caso mais inflamado e perigoso.

- Nem o presidente Eisenhower tampouco o presidente Kennedy, por exemplo, queriam dar alta prioridade ao problema dos direitos civis. O presidente Johnson, por sua vez, muito claramente, considerava o Vietnã – e os assuntos internacionais em geral – postergáveis quando assumiu o poder. (Isso, em grande parte, explica a violenta reação contra ele por parte dos liberais que haviam apoiado sua escolha prioritária original para a Guerra à Pobreza, quando os acontecimentos o forçaram a mudar sua escala de prioridades.)

Definir o que será postergado é desagradável, pois o que é postergado pode ser a principal prioridade de outra pessoa.

É muito mais fácil fazer uma lista de altas prioridades e, depois, sabotá-la, tentando fazer "só um pouquinho" de cada uma das prioridades definidas. Isso torna todos felizes. A única desvantagem é, logicamente, que nada é feito de fato.

Muita coisa poderia ser dita sobre a análise de prioridades. A mais importante, porém, para prioridades e adiamentos, não deriva de uma análise inteligente, mas de coragem.

É a coragem, mais que a análise, que determina as regras verdadeiramente importantes para identificar as prioridades:

- veja o futuro, ao invés de se concentrar no passado
- foque na oportunidade, mais do que no problema
- escolha sua própria direção – em vez de seguir os outros
- aponte alto, aponte para alguma coisa que faça diferença, em vez de escolher algo que seja "seguro" e fácil de fazer.

Muitos estudos realizados por pesquisadores nos centros de pesquisa científica mostraram que as realizações (pelo menos abaixo do nível genial de um Einstein, um Niels Bohr ou um Max Planck) dependem menos da capacidade de fazer pesquisa do que da coragem de seguir a oportunidade. Estes pesquisadores que escolhem seus projetos de acordo com a maior possibilidade de um rápido sucesso, e não pelo desafio do problema, não têm muita probabilidade de conseguir distinção. Eles podem ser citados em inúmeras notas de rodapés em livros, mas nenhuma lei da Física ou um novo conceito receberá, provavelmente, o nome deles. As realizações serão das pessoas que escolherem as prioridades de pesquisa científica pela oportunidade e que considerarem outros critérios apenas como qualificantes, mas não determinantes.

Da mesma maneira nos negócios, as companhias bem-sucedidas não são as que trabalham no desenvolvimento de novos produtos em função de suas linhas já existentes, mas as que aspiram inovar em tecnologia e negócios.

Isso, porque, em regra, é tão arriscado, árduo e incerto fazer algo novo, porém pequeno, quanto fazer algo novo e grande. É mais produtivo converter uma oportunidade em resultados que resolver um problema – que apenas restaura o equilíbrio de ontem.

- Prioridades e adiamentos devem ser sempre reconsiderados e revistos à luz das realidades. Nenhum presidente americano, por exemplo, conseguiu, em face dos acontecimentos, manter-se em sua lista original de tarefas prioritárias. De fato, a realização das próprias tarefas prioritárias sempre muda as próprias prioridades e aquilo que será adiado.

O gestor eficaz, em outras palavras, não se compromete, realmente, além da *única* tarefa em que ele se concentra naquele momento. Depois, ele revê a situação e passa para a tarefa seguinte, que, então, naquele momento torna-se aquela em que irá se concentrar.

A concentração, isto é, a coragem de impor ao tempo e aos acontecimentos sua própria decisão sobre o que realmente importa e o que vem em primeiro lugar, é a única esperança do gestor de se tornar senhor do tempo e dos acontecimentos, em vez de seu escravo.

6
Elementos da Tomada de Decisão

- Dois casos acerca de tomada de decisão, 142
- Os elementos do processo para decisão, 151

A TOMADA DE DECISÃO É APENAS UMA DAS TAREFAS DE UM GESTOR. NORMALMENTE, NÃO EXIGE MAIS QUE UMA PEQUENA FRAÇÃO DE SEU TEMPO. TOMAR DECISÕES, ENTRETANTO, É A TAREFA *ESPECÍFICA* DO GESTOR. A TOMADA DE DECISÃO, PORTANTO, MERECE ESPECIAL TRATAMENTO EM UMA DISCUSSÃO SOBRE O GESTOR EFICAZ. SÓ OS GESTORES TOMAM DECISÕES. NA VERDADE, O QUE DEFINE O GESTOR É JUSTAMENTE ESPERAR-SE DELE, POR VIRTUDE DA POSIÇÃO QUE OCUPA E CONHECIMENTOS QUE TEM, QUE TOME DECISÕES COM SIGNIFICATIVO IMPACTO SOBRE TODA A ORGANIZAÇÃO, SEU DESEMPENHO E RESULTADOS. GESTORES EFICAZES, PORTANTO, TOMAM DECISÕES EFICAZES.

Eles tomam essas decisões por meio de um processo sistemático, com elementos claramente definidos e em uma perfeita sequência de fases. Contudo, este processo tem muito pouca semelhança com o que tantos livros apresentam, hoje, como "tomada de decisão".

Gestores eficazes não tomam uma grande quantidade de decisões; concentram-se nas mais importantes. Procuram prever o que é estratégico e genérico, em vez de envolver-se em resolver problemas cotidianos. Tentam tomar poucas decisões importantes, no mais alto nível de entendimento conceitual. Tentam encontrar as constantes da situação em vez de concentrar-se na manipulação de um grande número de variáveis. Não se impressionam e se deixam impressionar para tomar decisões com rapidez. Os gestores eficazes querem saber qual o escopo da decisão a ser tomada, levando em consideração o contexto em que serão tomadas. Eles preocupam-se mais com os impactos da decisão do que com especificidades técnicas, preocupam-se mais em ser efetivos do que mostrar que são mais espertos.

Os gestores eficazes sabem quando uma decisão deve se basear em princípios e quando deve basear-se no mérito da questão e no pragmatismo. Eles sabem que as decisões mais delicadas são aquelas que opõem os compromissos certos dos errados e envolvem aprender e distinguir um do outro. Eles sabem que a etapa que consome mais tempo não é tomar a decisão em si, mas colocá-la em prática. A menos que a decisão tenha "resultado em um trabalho realizado", não é uma decisão; é no máximo, uma boa intenção. Isso significa que, enquanto a decisão efetiva é ela mesma baseada no mais alto nível de entendimento conceitual, a ação envolvida na sua implementação deve ser o mais próximo do nível operacional e o mais simples possível.

■ Dois casos acerca de tomada de decisão

O menos conhecido dos grandes homens de negócios americanos, Theodore Vail, foi, talvez, o mais eficaz tomador de decisões da história corporativa dos EUA. Como presidente da Bell Telephone System, de 1910 até meados da década de 1920, Vail elevou a organização à posição de maior empresa privada do mundo e à de uma das mais prósperas companhias. Nos EUA não se discute que o sistema de telefone é uma propriedade privada. Em contrapartida, a parte do continente norte-americano servida pela Bell System (os EUA e as duas mais populosas cidades canadenses, Quebec e Ontário) é a única área desenvolvida do mundo em que as telecomunicações não são propriedade do governo. A Bell System é, também, a única empresa que presta serviço de utilidade pública que se mostrou capaz de ter uma liderança que se arrisca e cresce rapidamente, embora tenha monopólio sobre uma área vital e tenha conseguido dominar completamente o seu mercado original.

A explicação não é sorte ou "conservadorismo americano". Ela aparece em quatro decisões estratégicas que Vail tomou no decorrer de quase 20 anos.

Ela percebeu, desde cedo, que um sistema telefônico tinha de fazer alguma coisa diferente e especial para permanecer como propriedade privada e sob administração autônoma. Em toda a Europa, os governos estavam no comando das empresas de telefonia, sem muita dificuldade ou risco. Procurar manter a Bell como empresa particular, defendendo-a contra a estatização, seria apenas uma ação retardadora. Além disso, uma posição puramente defensiva só poderia conduzir à autodestruição; paralisaria a imaginação e as energias dos gestores. Uma política era necessária, para fazer com que a Bell, como companhia privada, se mantivesse em sintonia com o interesse do público, mais do que qualquer outra repartição governamental conseguiria. Isso levou à primeira decisão de Vail, de que o negócio da Bell Telephone Company deveria ser a antecipação e satisfação das necessidades de serviço do público.

"Nosso negócio é servir" tornou-se o lema da Bell tão logo Vail assumiu a chefia. Naquele tempo, logo depois do início do século, isso era uma heresia, mas Vail não se satisfez em pregar que o negócio da companhia era prestar serviço e que a tarefa da administração era torná-lo possível e lucrativo. Estabeleceu que os padrões, em todo o sistema, pelos quais administradores e seus trabalhos seriam julgados, medissem a qualidade do serviço antes da lucratividade obtida. Os administradores são responsáveis pelos resultados do serviço prestado. O trabalho da alta administração, então, é organizar e financiar a companhia de tal maneira que o melhor serviço prestado a população transforme-se também em ótimos resultados financeiros.

Quase ao mesmo tempo, Vail verificou que um monopólio nacional de comunicações não podia ser uma empresa livre, no sentido tradicional, uma empresa privada atuando sem amarras. Reconheceu que regulamentação da atividade seria uma alternativa da propriedade estatal dos serviços. Regulamentação pública eficaz, honesta e baseada em princípios seria do interesse da Bell System, portanto, e vital para sua preservação.

A regulamentação pública, embora não fosse em absoluto desconhecida nos EUA, era amplamente impotente, quando Vail chegou a essa conclusão. A oposição das empresas, poderosamente auxiliada pelos Tribunais, havia tirado a força das leis regulatórias. As próprias comissões estavam desprovidas de pessoal, eram financeiramente deficientes e haviam se tornado sinecuras para mercenários políticos de terceira categoria e muitas vezes venais.

Vail estabeleceu para a Bell Telephone System o objetivo de tornar a regulamentação eficaz. Foi essa a principal tarefa que deu aos chefes de cada uma das companhias telefônicas regionais afiliadas. Deviam rejuvenescer os regulamentos e inovar conceitos de regulamentação e de estabelecimento de taxas que fosse justo e equitativo e protegesse o público, enquanto ao mesmo tempo isso permitisse que a Bell System realizasse seu trabalho. Era no grupo dos presidentes das companhias afiliadas que a Bell recrutava os gestores de sua alta administração. Isso garantia que as atitudes positivas, em favor da regulamentação, se espalhassem por toda a organização.

A terceira decisão de Vail conduziu ao estabelecimento de um dos mais bem-sucedidos laboratórios científicos da indústria, os Laboratórios Bell. Novamente, Vail começou pela necessidade de viabilizar um monopólio privado. Só que, agora, ele perguntou: "Como é possível tornar tal monopólio verdadeiramente competitivo?". Obviamente, a Bell não estava sujeita à competição normal com outro fornecedor que oferece ao comprador o mesmo produto ou outro que satisfaça a mesma necessidade. Sem competição, porém, tal monopólio se tornaria, rapidamente, rígido e incapaz de se desenvolver e se transformar.

Mas, concluiu Vail, mesmo um monopólio pode-se organizar o futuro para competir com o presente. Em uma indústria técnica, como as telecomunicações, o futuro repousa em tecnologia melhor e diferente. Os Laboratórios Bell, que nasceram deste conceito, não eram o primeiro laboratório industrial, nem mesmo nos EUA. Entretanto, foi a primeira instituição de pesquisa industrial que, deliberadamente, foi organizada para tornar o presente obsoleto, por mais lucrativo e eficaz que fosse.

Quando os Laboratórios Bell adquiriram sua forma definitiva, durante o período da Primeira Guerra Mundial, eram uma assombrosa inovação na indústria. Mesmo hoje, poucos homens de negócios entendem que a pesquisa, para ser produtiva, tem de ser "desorganizadora", criadora de um futuro diferente e inimiga do hoje. Na maioria dos laboratórios industriais, predomina a "pesquisa defensiva" que procura perpetuar o presente, mas, desde os primeiros dias, os Laboratórios Bell jamais adotaram a pesquisa defensiva.

- Os últimos dez ou 15 anos provaram como o conceito de Vail era profundo. Os Laboratórios Bell estenderam, primeiro, a tecnologia do telefone de tal modo que o continente norte-americano se tornou uma central automática. Estenderam, depois, o alcance da Bell System para áreas jamais sonhadas por Vail e sua geração, isto é, transmissão de programas de televisão, transmissão de dados de computador – a área de mais rápido crescimento nas comunicações – e os satélites de comunicações. O desenvolvimento científico e técnico que tornou possíveis esses novos sistemas de transmissão originou-se, amplamente, nos Laboratórios Bell, quer teoria científica, tal como a de informação matemática, novos produtos e processos, tal como o transistor, quer a lógica e desenho do computador.

Finalmente, ao chegar ao fim de sua carreira, no início da década de 1920, Vail inventou o mercado de capitais de massa novamente para garantir a manutenção da Bell System como empresa privada.

- As indústrias são mais comumente estatizadas pelo governo porque não conseguem atrair o capital de que necessitam do que por causa do socialismo. Foi por não conseguirem atrair capitais necessários que as estradas de ferro europeias passaram para o controle do governo, entre 1860 e 1920. A incapacidade de atrair capitais para a modernização desempenhou, certamente, papel importante na estatização das minas de carvão e da indústria de energia elétrica na Grã-Bretanha; foi uma das principais razões para a estatização desta última indústria no continente europeu, no período inflacionário após a Primeira Guerra Mundial. As companhias de energia elétrica, incapazes de aumentar suas tarifas para fazer face à depreciação da moeda, não podiam oferecer atrativo para o capital necessário para sua modernização e expansão.

Se Vail conseguiu ver o problema em toda a sua extensão, não há documentos que o comprovem. O fato é que ele claramente percebeu que a Bell Telephone System precisava de enormes somas de capital de suprimento constante e garantido, que não poderia ser encontrado nos mercados de capital então existentes. Os outros serviços de utilidade pública, especialmente as companhias de energia elétrica, procuravam tornar atrativo o investimento em suas ações ao único participante em massa visível na década de 1920 o especulador. Eles criavam *holdings* que davam ações ordinárias da companhia-mãe que tinha apelo para os especuladores, enquanto as necessidades dos negócios operacionais eram satisfeitas por meio de levantamento de capital nas fontes tradicionais, tais como companhias de seguros. Vail constatou que isso não era uma base segura para o capital. As ações ordinárias da AT&T, que ele idealizou para resolver esse problema, no início da década d e 1920, não tinham nada em comum com as ações especulativas, exceto a forma legal. Seria um título para o público em geral, as pessoas comuns da ascendente classe média, que podiam economizar alguma coisa para investir, mas que não tinham tanto capital que pudessem arriscar-se. As ações da AT&T de Vail, com seus dividendos quase garantidos, estavam bem próximas de uma aplicação de juros fixos para que viúvas e órfãos as comprassem. Ao mesmo tempo, eram ações ordinárias e, assim, continham a promessa de valorização do capital e de proteção contra a inflação.

- Quando Vail imaginou esse instrumento financeiro, o investidor do tipo pessoas comuns não existiam na realidade. A classe média que tinha dinheiro suficiente para comprar qualquer espécie de ação ordinária havia aparecido muito recentemente. Ainda seguia os antigos hábitos de investimento em Caixas Econômicas, apólices de seguro e hipotecas. Os que queriam aventurar-se mais longe entravam no mercado especulativo da bolsa da década de vinte – na qual não tinham nada que se meter. É certo que Vail não inventou a venda de ações para pessoas comuns, mas as transformou em investidores e mobilizou suas economias, para seu próprio benefício, tanto quanto para os da Bell System. Somente isso foi capaz de fazer com que a Bell System levantasse as centenas de bilhões de dólares que teve de investir durante a primeira metade do século 20. Durante todo esse tempo, as ações ordinárias da AT&T permaneceram como a base do planejamento de investimento da classe média nos EUA e no Canadá.

Vail, novamente, deu à ideia seu próprio meio de execução. Em vez de depender de Wall Street, a Bell System foi, durante todos esses anos, seu próprio banqueiro e segurador; e o principal assistente de Vail em assuntos financeiros, Walter Gifford, tornou-se o principal funcionário da Bell System e sucessor de Vail.

As decisões de Vail eram, naturalmente, peculiares aos seus problemas e aos de sua companhia. Mas o pensamento básico que nelas existe caracteriza a decisão verdadeiramente eficaz.

O exemplo de Alfred P. Sloan Jr. mostra isso claramente. Sloan, que na General Motors imaginou e construiu a maior empresa fabril do mundo, assumiu a direção da GM em 1922, na época em que a carreira de Vail estava se encerrando. Ele era um homem muito diferente, assim como o era o seu tempo. Contudo, a decisão pela qual Sloan é mais lembrado, a estrutura de organização descentralizada da General Motors, é do mesmo tipo das maiores decisões tomadas por Theodore Vail, algum tempo antes, para a Bell Telephone System.

> ■ Os exemplos do mundo dos negócios são escolhidos aqui porque podem ser facilmente apresentados – enquanto a maioria das decisões em política governamental exigiria uma explicação demasiadamente grande sobre história, antecedentes e política propriamente dita. Ao mesmo tempo, são bastante grandes para mostrar a estrutura. Mas as decisões no governo, nas Forças Armadas, em hospitais ou universidades mostram os mesmos conceitos que as outras partes deste e do capítulo seguinte vão demonstrar.

Como Sloan conta em seu recente livro *Meus Anos na General Motors*, a companhia que ele encontrou em 1922 era uma frouxa federação de chefetes quase independentes. Cada um desses homens dirigia uma unidade que, alguns anos antes, ainda era sua própria companhia – e cada um a dirigia como se ela ainda fosse sua própria companhia.

> ■ Havia dois meios tradicionais de lidar com a situação. Uma era livrar-se dos fortes homens independentes, tão logo vendessem seus negócios. Essa foi a estratégia adotada por John D. Rockefeller para unificar a Standard Oil Trust, e J. P. Morgan, apenas alguns anos antes de Sloan, reuniu a United States Steel, usando o mesmo método. A alternativa era deixar os proprietários antigos em seus comandos, com um mínimo de interferência do novo escritório central. Era a "anarquia temperada pela

opção da Bolsa", na qual, esperava-se, seus próprios interesses financeiros fariam com que os chefes de unidades agissem em benefício dos melhores interesses de toda a empresa. Durant, fundador da General Motors, e o antecessor de Sloan, Pierre Du Pont, seguiram esse caminho, mas, quando Sloan assumiu, a recusa desses fortes e obstinados homens em trabalhar em conjunto quase destruiu a companhia.

Sloan compreendeu que esse não era um problema peculiar e de curto prazo de uma companhia recém-criada por meio da fusão entre empresas, mas um problema genérico da grande empresa. Viu que a grande empresa precisa de unidade de direção e controle central; de sua própria alta administração, com poderes reais, mas que necessita, também, de energia, entusiasmo e força na operação. Os administradores das unidades operacionais têm de ter liberdade para fazer as coisas ao seu próprio modo; têm de ter responsabilidade e autoridade decorrente; têm de ter esfera de ação para mostrar o que podem fazer e têm de conseguir reconhecimento por seu desempenho. Isso, parece que Sloan viu imediatamente, torna-se cada vez mais importante à medida que a companhia vai ficando mais antiga e quando tem de depender do desenvolvimento de gestores fortes, independentes, realizadores, criados dentro dela mesma.

Todos, antes de Sloan, haviam visto o problema como de personalidades, solucionável por meio de uma luta pelo poder, da qual uma pessoa sairia vitoriosa. Sloan viu-o como um problema constitucional, resolvível por meio de uma nova estrutura; descentralização que equilibra autonomia local em operações com controle central de direção e normas.

- A eficácia dessa solução é mais bem demonstrada talvez pelo contraste; isto é, em um setor em que a General Motors, pelo menos desde meados da década de 1930, não tem sido muito feliz na antecipação e compreensão do temperamento político do povo americano e da direção e política do governo americano. Este é o único setor, porém, em que não tem havido "descentralização" na General Motors. Desde 1935, mais ou menos, tem sido praticamente impossível imaginar qualquer gestor de alto nível na GM que não seja um republicano conservador.

Essas decisões específicas – de Vail, tanto quanto de Sloan – têm algumas características comuns, muito embora lidem com problemas inteiramente diferentes e conduzam a soluções altamente específicas. Todas atacam o problema no mais elevado nível conceitual de entendimento. Eles compreenderam a natureza da decisão e os princípios que orientariam o modo de lidar com a situação. Suas decisões foram, em outras palavras, estratégicas, mais do que adaptações às aparentes necessidades do momento. Todas inovaram. Eram altamente controversas. Mas, na verdade, todas as cinco decisões foram diretamente ao encontro do que "todos sabiam" no momento.

- Na realidade, Vail havia sido demitido, antes, pela diretoria da Bell System, quando assumiu a presidência pela primeira vez. Seu conceito de serviço como o negócio da companhia parecia quase loucura para as pessoas que "sabiam" que a única finalidade de uma empresa é dar lucro. Sua crença de que a regulamentação estava de acordo com o maior interesse da companhia, que era uma necessidade de sobrevivência, parecia leviana, quando não imoral, às pessoas que "sabiam" que regulamentação era "adulação ao socialismo", que devia ser combatido a ferro e fogo. Foi somente anos mais tarde, depois de 1900, quando ficaram alarmados – e com boas razões – pela onda crescente de estatização de empresas de telefonia que a diretoria chamou Vail novamente. Contudo, sua decisão de gastar dinheiro para tornar obsoletos processos e técnicas correntes, justamente quando estavam dando os maiores lucros à companhia, e construir um grande laboratório de pesquisa para esse fim, tanto quanto sua recusa de seguir a moda nas finanças e construir uma estrutura de capital especulativo, encontraram igualmente resistência em sua diretoria, que as consideravam pior que excentricidade.

Da mesma maneira, a descentralização de Alfred Sloan era completamente inaceitável em sua época e parecia estar no ar face a tudo o que todos "sabiam".

Os líderes dos negócios americanos daquele tempo tinham Henry Ford como seu ícone e modelo, mas as decisões de Vail e Sloan eram muito "loucas" para Ford. Ele estava certo de que o Ford de bigode, uma vez desenhado, era o carro apropriado para todo o futuro. A insistência de Vail pelo auto-obsoletismo seria considerada por ele uma maluquice. Ele estava igualmente convencido de que só o mais cerrado controle centralizado poderia produzir eficácia e resultados. A descentralização de Sloan pareceu-lhe fraqueza auto-destruidora.

OS ELEMENTOS DO PROCESSO PARA DECISÃO

Os aspectos verdadeiramente importantes das decisões de Vail e de Sloan não são novidade nem controversos. São:

1. a clara compreensão de que o problema era genérico e que só podia ser resolvido mediante uma decisão que estabelecesse uma norma, um princípio

2. a definição das especificações que a resposta ao problema tinha de satisfazer, isto é, as "condições-limite"

3. a averiguação do que é "certo", isto é, a solução que satisfará integralmente as especificações, *antes* de dar atenção aos compromissos, adaptações e concessões necessárias para tornar aceitável a decisão

4. a elaboração, dentro da decisão, da ação para executá-la

5. a "verificação", que testa a validade e eficácia da decisão contra o desenrolar real dos acontecimentos.

Estes são os *elementos* do processo para a decisão eficaz.

1 ▪ As primeiras perguntas que o tomador de decisões faz são: "Essa situação é genérica ou uma exceção? Isso é algo que gera um grande número de ocorrências? Ou é a ocorrência um acontecimento único que precisa ser tratado como tal?". O que é genérico deve ser sempre respondido com uma regra, um princípio. O excepcional só pode ser tratado como tal e como se apresenta.

Estritamente falando, podem aparecer quatro, e não apenas dois, diferentes tipos de ocorrências.

Há, inicialmente, o verdadeiramente genérico, do qual a ocorrência individual é apenas um sintoma.

- A maioria dos problemas que surgem durante o trabalho do gestor é desse tipo. Decisões de política em um negócio, por exemplo, não são "decisões", são adaptações. O problema é genérico. Isso ainda poderá ser mais verdadeiro em relação aos acontecimentos relativos à produção.

    Em geral, um grupo de engenharia e controle de produção enfrentará muitas centenas de problemas durante um mês. Contudo, sempre que eles são analisados, a grande maioria mostra que são apenas sintomas – e manifestações de situações básicas subjacentes. O engenheiro de controle de processo ou o de produção que trabalha em uma parte da fábrica não pode ver isso normalmente. Ele pode ter alguns problemas, todos os meses, com as junções das tubulações que conduzem vapor ou líquidos aquecidos, mas somente quando o trabalho total do grupo durante vários meses é analisado é que aparece o problema genérico. É então que alguém vê que as temperaturas ou as pressões se tornaram demasiadamente altas para o equipamento existente e que as junções, mantendo reunidas várias tubulações, precisam ser redesenhadas para suportar maiores cargas. Até que isso seja feito, o controle do processo ocupará uma quantidade de tempo enorme, reparando vazamentos, sem jamais conseguir o controle da situação.

Depois, há o tipo de problema que, embora seja um acontecimento único para uma determinada instituição, é, na realidade, genérico.

- A companhia que recebe uma oferta de fusão com outra, maior, não receberá nunca mais uma oferta semelhante, se a aceitar. É uma situação não periódica, no que diz respeito à dita companhia, sua diretoria e sua administração. Mas é, realmente, uma situação genérica, que ocorre continuamente. O raciocínio de aceitar ou rejeitar a oferta precisa de algumas regras gerais; mas, para elas, temos de consultar a experiência alheia.

Em seguida, há o verdadeiramente excepcional, o acontecimento realmente único.

- A falta de energia que mergulhou na escuridão todo o Nordeste da América do Norte, de São Lourenço a Washington, em novembro de 1965, foi, de acordo com as primeiras explicações, uma situação verdadeiramente excepcional. Também o foi a tragédia da talidomida, que provocou o nascimento de tantas crianças com malformações genéticas, no princípio da década de 1960. A probabilidade desses acontecimentos, tal como me disseram, era de um em dez milhões ou de um em cem milhões, e o resultado desses maus funcionamentos era tão improvável de se repetir como, por exemplo, é improvável ocorrer a desintegração da cadeira em que me sento nos átomos que a constituem.

Acontecimentos verdadeiramente únicos são raros, contudo. Sempre que um deles ocorre, devemos perguntar: isso é uma exceção verdadeira ou apenas a manifestação de um novo gênero?

E isso, a manifestação inicial de um novo problema genérico, é a quarta e última categoria de acontecimentos com que lida o processo da decisão.

- Sabemos agora, por exemplo, que tanto a falta de energia do Nordeste como a tragédia da talidomida foram apenas as primeiras ocorrências do que, nas condições da moderna tecnologia energética ou da moderna farmacologia, são capazes de se tornar distúrbios frequentes, salvo se soluções genéricas forem encontradas.

Todos os acontecimentos, salvo os verdadeiramente únicos, exigem uma solução genérica; precisam de uma regra, um princípio, uma norma. Uma vez encontrado o princípio correto, todas as manifestações da mesma situação genérica têm de ser tratadas pragmaticamente, isto é, pela adaptação da regra às circunstâncias concretas do caso. Acontecimentos verdadeiramente únicos, contudo, têm de ser tratados individualmente. Não se podem estabelecer regras para o excepcional.

O tomador de decisões eficazes tem inicialmente que utilizar seu tempo para determinar com qual destas quatro situações está lidando. Sabe que tomará a decisão errada se classificar de modo errado a situação.

Um erro seguidamente cometido é tratar uma situação genérica como se fosse uma série de acontecimentos únicos, isto é, ser pragmático quando faltam o conhecimento e o princípio genéricos. Isso, inevitavelmente, conduz à frustração e à inutilidade.

- Isso foi claramente mostrado, penso, pelo fracasso da maioria dos planos de ação, nacionais ou internacionais, do governo Kennedy. Apesar de todo o brilho de seus recursos humanos, o governo só conseguiu, fundamentalmente, um único sucesso, na crise dos mísseis de Cuba. Nos outros setores, não conseguiu praticamente nada. A razão principal foi, seguramente, o que seus membros chamaram de "pragmatisrno", isto é, sua recusa de estabelecer regras e princípios, e sua insistência em tratar tudo "segundo seus méritos". Contudo, como todos perceberam, inclusive os membros do governo, as suposições básicas em que se fundamentavam os planos, as suposições básicas dos anos de pós-guerra foram se tornando cada vez mais irreais, não só nas questões internacionais como internas.

Igualmente comum é o erro de tratar um novo acontecimento como se fosse exatamente outro exemplo do antigo problema ao qual, portanto, as antigas regras devem ser aplicadas.

- Esse foi o erro que ampliou a falha de energia local na fronteira de Nova York com Ontário na enorme escuridão do Nordeste. Os engenheiros eletricistas, especialmente da cidade de Nova York, aplicaram a regra correta para uma sobrecarga normal. No entanto, seus próprios instrumentos tinham indicado que alguma coisa extraordinária estava acontecendo, a qual pedia contramedidas excepcionais e não padronizadas.

Em contraste, o único grande triunfo do presidente Kennedy na crise dos mísseis de Cuba baseou-se na aceitação do desafio de raciocinar em relação a uma ocorrência extraordinária, excepcional. Tão logo Kennedy aceitou o desafio, seus enormes recursos próprios de inteligência e coragem entraram eficazmente em ação.

Quase tão comum é a definição, plausível, mas errônea, do problema fundamental. Eis um exemplo.

- Desde o fim da Segunda Guerra Mundial, as Forças Armadas Americanas perceberam a sua incapacidade de manter em serviço pessoal médico altamente treinado. Houve dúzias de estudos e dúzias de remédios propostos. Contudo, todos os estudos começavam com a hipótese plausível de que o problema era os custos da folha de pagamento – quando o problema real estava na estrutura tradicional da medicina militar. Com sua ênfase no clínico geral, ela está desatualizada em relação à profissão médica, que tende para o especialista. A ascensão na carreira médica militar conduz da especialização à administração médica e hospitalar e para longe da prática especializada e da pesquisa. Os jovens e bem treinados médicos de hoje, portanto, acham que perdem seu tempo e habilidade no serviço militar, no qual têm de trabalhar ou como clínicos gerais ou tornar-se administradores amarrados a uma cadeira. Eles querem ter a oportunidade de desenvolver suas habilidades e atuar como um médico especializado, altamente científico.

  Até agora os militares não enfrentaram a decisão básica. Estarão as Forças Armadas querendo estabelecer uma organização médica de segunda categoria, com pessoal que não pode atingir o grau altamente científico orientado para pesquisa e altamente especializado da profissão médica civil, ou estarão querendo e serão capazes de organizar a prática da medicina dentro das Forças Armadas de modo fundamentalmente diferente da organização e estrutura de um serviço militar? Até que os militares aceitem isso como a real decisão, seus jovens médicos continuarão a abandoná-los logo que possam.

Ou a definição do problema pode estar incompleta.

- Isso explica amplamente por que a indústria automobilística americana se encontrou, em 1966, subitamente sob ataque por causa de seus carros sem segurança – e por que, também, a própria indústria ficou tão confusa com o ataque. Simplesmente, não é verdade que a indústria não prestou atenção à segurança. Ao contrário, trabalhou duro em relação à construção segura das rodovias e ao treinamento de motoristas. É perfeitamente plausível que os acidentes sejam causados por estradas inseguras e por motoristas imprudentes. É verdade que todas as organizações relacionadas com a segurança automobilística, das polícias rodoviárias às escolas, usam os mesmos objetivos para suas campanhas. Essas produziram resultados. As rodovias construídas visando à segurança apresentam menor número de desastres; e também os motoristas treinados para a segurança. Mas, embora a proporção de acidentes por mil carros ou por mil quilômetros percorridos tenha diminuído, o número total de desastres e sua seriedade têm continuado a aumentar.

    Há muito tempo já devia ter ficado bem claro que uma pequena porcentagem de motoristas – bêbados, por exemplo, ou os 5% que são "fadados ao desastre" e causam três quartos, mais ou menos, de todos os acidentes – estão além do alcance do treinamento de motorista e podem causar acidentes na mais segura estrada. Há muito tempo já devia ter ficado bem claro que temos de fazer alguma coisa a respeito da pequena, mas significativa, probabilidade de acidentes que ocorrerão, apesar das leis de segurança e do treinamento visando à segurança. E isso significa que as campanhas de estradas seguras e direção segura têm que ser suplementadas pela engenharia para tornar os próprios acidentes menos perigosos. Ao mesmo tempo em que construímos carros seguros, quando usados corretamente, temos também de fazê-los seguros, quando usados de modo errado. Isso; porém, a indústria automobilística ainda não conseguiu enxergar.

Este exemplo mostra por que a explanação incompleta é, muitas vezes, mais perigosa que a totalmente errada. Todos os que têm ligações com as campanhas de direção segura – a indústria automobilística, e também a polícia rodoviária, automóveis clubes e companhias de seguros – pensavam que aceitar a probabilidade de acidentes era indultar, quando não encorajar, a direção perigosa, assim como a geração de minha avó acreditava que o médico que tratava de doenças venéreas instigava a imoralidade. É essa tendência humana comum de confundir plausibilidade com moralidade que faz a hipótese incompleta um erro tão perigoso e tão difícil de ser corrigido.

O tomador de decisões eficaz, portanto, sempre supõe, inicialmente, que o problema é genérico.

Sempre supõe que o acontecimento que clama por sua atenção é, na realidade, um sintoma. Ele procura o problema verdadeiro. Não se contenta em medicar apenas o sintoma.

E, se o acontecimento é verdadeiramente único, o tomador de decisão experimentado suspeita que outro problema subjacente será apresentado e que aquilo que parece ser único transforma-se, simplesmente, na primeira manifestação de uma nova situação genérica.

Isso também explica por que o tomador de decisões eficaz sempre procura colocar sua solução no nível conceitual mais elevado possível. Ele não resolve o problema financeiro imediato lançando um título que seja o mais fácil de vender pelo melhor preço durante os próximos anos se espera precisar do mercado de capitais por todo o futuro previsível; ele inventa uma nova espécie de investidor e cria o título apropriado para o mercado de capital em massa que ainda não existe. Se tem de enquadrar um bando de presidentes regionais indisciplinados, mas capazes, ele não se livra dos mais turbulentos e compra o resto, estabelece um conceito estruturante para a gestão de organização de grande porte. Se vê sua indústria como necessariamente monopolista, não se contenta em fulminar o socialismo, mas cria uma entidade de regulamentação pública, em uma determinada "terceira direção", entre a empresa privada irresponsável, sem o freio da competição, e o monopólio governamental, igualmente irresponsável, realmente incontrolável por natureza.

Um dos fatos mais óbvios da vida política e social é a longevidade do temporário. A restrição de vendas de bebidas nos bares da Grã-Bretanha, por exemplo, os controles de aluguel na França, ou os edifícios governamentais "temporários" de Washington, todos três apressadamente estabelecidos durante a Primeira Guerra Mundial, para durar "alguns meses de emergência", ainda estão entre nós, 50 anos depois. O tomador de decisões eficaz sabe disso. Ele também improvisa, é lógico; mas pergunta-se a toda hora, "Se eu tivesse de viver com isso por longo tempo, eu gostaria?" E, se a resposta é "Não", continua a trabalhar para encontrar uma solução mais geral, mais conceitual, mais completa – a que estabeleça o princípio certo.

Em consequência, o gestor eficaz não toma muitas decisões, mas a razão não é que gaste muito tempo para tomar uma delas – na verdade, uma decisão sobre princípios não toma mais tempo, em regra, que outra sobre sintomas e conveniência. O gestor eficaz não precisa tomar muitas decisões; como ele resolve situações genéricas por meio de uma regra e uma política, pode tratar a maioria dos acontecimentos como casos dentro das normas, isto é, por adaptações. "Um país que conta com muitas leis é um país de advogados incompetentes", diz um antigo provérbio legal. É um país que procura resolver cada problema como um fenômeno único, em vez de tratá-lo como um caso especial dentro das normas legais gerais. Do mesmo modo, um gestor que toma muitas decisões é não só preguiçoso como ineficaz.

O tomador de decisões sempre verifica se não há sinais de que algo atípico, algo incomum, está acontecendo; sempre pergunta "A explanação apresenta os acontecimentos observados e apresenta todos eles?"; sempre escreve o que se espera que aconteça depois da solução – fazer desaparecer os acidentes de automóveis, por exemplo – e depois verifica se isso está realmente acontecendo; e, finalmente, volta atrás e pensa em todo o problema novamente, quando vê alguma coisa que não seja típica, quando encontra fenômenos que sua explanação realmente não explica, ou quando o curso dos acontecimentos se desvia, mesmo em detalhes, de suas expectativas.

Essas são, em essência, as regras que Hipócrates estabeleceu para o diagnóstico médico, há mais de dois mil anos. Essas são as regras para a observação científica formuladas em primeiro lugar por Aristóteles e, posteriormente, reafirmadas por Galileu, há 300 anos. Essas são, em outras palavras, as velhas e bem conhecidas regras, testadas pelo tempo, regras que qualquer um pode aprender e sistematicamente aplicar.

2 ▪ O segundo elemento importante do processo de tomada de decisão é o estabelecimento de especificações claras sobre o que a decisão tem de realizar. Quais os objetivos de tal decisão? Quais os resultados mínimos que têm de apresentar? Que condições têm de satisfazer? Na ciência, elas são conhecidas como "condições-limite". Uma decisão, para ser eficaz, tem de satisfazer às condições-limite; tem de ser adequada à sua finalidade.

Quanto mais concisa e claramente as condições-limite forem estabelecidas, maior será a probabilidade de que a decisão venha a ser realmente eficaz e conseguirá o que se estabeleceu como seu objetivo. Inversamente, qualquer séria deficiência na definição dessas condições-limite certamente tornará a decisão ineficaz, por mais brilhante que pareça ser.

"Qual é o mínimo necessário para resolver esse problema?" é a maneira de sondar as condições-limite. Alfred P. Sloan provavelmente perguntou a si mesmo quando assumiu a General Motors em 1922: "As nossas necessidades serão satisfeitas removendo a autonomia das chefias de divisão?". A resposta foi claramente negativa. As condições-limite de seu problema exigiam força e responsabilidade nas principais posições gerenciais de nível operacional. Isso era tão necessário quanto a unidade e o controle centrais. As condições-limite exigiam uma solução para um problema de estrutura, e não para uma acomodação de personalidades. Isso, por sua vez, fez sua solução durar.

Nem sempre é fácil encontrar as condições-limite apropriadas, e as pessoas inteligentes não têm de concordar com elas.

- Na manhã seguinte à falta de energia, um jornal de Nova York conseguiu aparecer: *The New York Times*. Transferiu suas operações de impressão imediatamente para o outro lado do rio Hudson, para Newark, Estado de New Jersey, onde as usinas elétricas estavam funcionando e onde um jornal local, *The Newark Evening News*, tinha uma impressora com grande capacidade. Mas, em vez do milhão de exemplares que a direção do *The Times* havia ordenado, pouco menos da metade realmente chegou aos leitores. Logo que *The Times* foi para a impressão (pelo menos é o que conta um caso amplamente difundido), o editor e três de seus assistentes começaram a discutir como dividir silabicamente *uma* palavra. Isso tomou-lhes 48 minutos (assim dizem) – ou metade do tempo disponível para a impressão. *The Times*, argumentou o editor, estabelece o padrão para o inglês escrito nos EUA e, por isso, não pode admitir um erro gramatical.

    Supondo-se a história verdadeira – e não o garanto – fica-se imaginando o que a administração pensou a respeito da decisão, mas não há dúvida de que, dentro das suposições e objetivos fundamentais do editor de um jornal, foi a decisão certa. Suas condições-limite não eram, muito claramente, o número de exemplares vendidos em cada uma das manhãs, mas a infalibilidade do *The Times* como gramático e *Magister Americae*.

O gestor eficaz sabe que uma decisão que não satisfaça as condições-limite é ineficaz e inapropriada. Pode ser pior, na verdade, que uma decisão que satisfaça as condições-limite erradas. Ambas estarão erradas mas poderemos salvar a decisão apropriada das condições-limite erradas. Ainda é uma decisão eficaz. Ninguém poderá obter coisa alguma, a não ser dificuldades, da decisão inadequada às suas especificações.

De fato, é necessário um raciocínio claro a respeito das condições-limite para se saber quando uma decisão tem de ser abandonada. Há dois exemplos famosos sobre isso – um de uma decisão em que as condições-limites se tornaram confusas e outro de uma decisão em que eram mantidas tão claras que tornaram possível a substituição de uma decisão superada por uma política apropriada.

- O primeiro exemplo é o famoso Plano Schlieffen do Estado-Maior Alemão no início da Primeira Guerra Mundial. Esse plano foi feito para permitir que a Alemanha fizesse uma guerra, simultaneamente, nas frentes ocidental e oriental, sem ter de dividir suas forças entre o Leste e o Oeste. Para conseguir isso, o Plano Schlieffen propunha oferecer apenas oposição simbólica ao inimigo mais fraco, isto é, a Rússia, e concentrar todas as forças, primeiro, em um rápido golpe arrasador contra a França, e depois cuidariam da Rússia. Isso, é lógico, exigia vontade de deixar os exércitos russos penetrarem profundamente no território alemão ao se iniciar a guerra e até a vitória decisiva sobre a França. Mas, em agosto de 1914, tornou-se evidente que a velocidade dos exércitos russos havia sido subestimada. Os *Junkers* da Prússia Oriental, cujas propriedades haviam sido invadidas pelos russos, clamaram por proteção.

  O próprio Schlieffen manteve as condições-limite claramente em seu pensamento. Mas seus sucessores eram mais técnicos que tomadores de decisão e estrategistas. Abandonaram a condição básica subjacente no Plano Schlieffen, a condição de não dividir as forças alemãs. Deviam ter abandonado o Plano; mas, em vez disso, tornaram sua realização impossível. Enfraqueceram os exércitos do Ocidente suficientemente para privar suas vitórias iniciais do impacto total, sem, contudo, fortalecer os do Leste suficientemente para derrotar os russos. Com isso, fizeram aparecer a única coisa que o Plano Schlieffen tinha procurado evitar; um impasse com sua subsequente guerra homem a homem, em que a superioridade do efetivo, mais do que a superioridade estratégica, possivelmente venceria a guerra. Em lugar de uma estratégia, tudo o que tiveram, daí por diante, foi uma improvisação confusa, retórica apaixonada e esperança de milagres.

- Um contraste a isso é o segundo exemplo, a ação de Franklin D. Roosevelt quando se tornou presidente em 1933. Durante toda a sua campanha, Roosevelt trabalhou em um plano de *recuperação econômica*. Tal plano, em 1933, só poderia ser feito com base no conservadorismo financeiro e em um orçamento equilibrado. Então imediatamente antes de sua posse, houve o colapso econômico levando a um Feriado Bancário. A política econômica poderia ainda ter funcionado economicamente, mas ficou evidente que o paciente não sobreviveria politicamente.

    Roosevelt, imediatamente, substituiu seu objetivo econômico por um político. Mudou da recuperação para a reforma. As novas especificações pediam uma dinâmica política. Isso, quase automaticamente, significava uma mudança completa da política econômica, de uma conservadora para outra de inovação radical. As condições-limite tinham mudado – e Roosevelt era um tomador de decisões de tal gabarito para saber, quase intuitivamente, que isso significava o abandono de seu plano original integralmente, se quisesse obter qualquer eficácia.

Mas um raciocínio claro a respeito das condições-limite também é necessário para identificar a mais perigosa de todas as decisões possíveis: a que pode – apenas pode – funcionar se nada acontecer de errado. Essas decisões sempre parecem fazer sentido; mas quando raciocinamos detalhadamente sobre as especificações que têm de satisfazer, sempre verificamos que são essencialmente incompatíveis umas com as outras. Não é impossível que tal decisão possa ser bem-sucedida – é apenas muito improvável. O problema com os milagres não é, afinal, que eles aconteçam tão raramente; é que não podemos confiar neles.

- Um exemplo perfeito foi a decisão do presidente Kennedy sobre a invasão da Baía dos Porcos em 1961. Uma das especificações era, evidentemente, a derrubada de Castro. Mas, ao mesmo tempo, havia outra especificação: não permitir que parecesse que as forças americanas estavam intervindo em um país soberano, uma república centro-americana. Não vem ao caso que a segunda especificação fosse bastante absurda e que ninguém, em todo o mundo, acreditaria, em um momento sequer, que a invasão era um levante espontâneo dos cubanos. Para os formuladores de política americana, na época, a aparência de não intervenção parecia legítima e, na verdade, uma condição necessária. Contudo, essas duas condições só seriam compatíveis uma com a outra se uma revolta na ilha, contra Castro, total e imediata paralisasse o exército cubano. E isso, embora não impossível, era evidentemente pouco provável em um Estado policial. Ou toda a ideia deveria ser abandonada ou o apoio total americano deveria ter sido dado para garantir o sucesso da invasão.

  Não há desrespeito ao presidente Kennedy em dizer que seu erro não foi, como ele explicou, ter "ouvido os especialistas". O erro foi deixar de pensar claramente em todos os aspectos das condições-limite que a decisão tinha que satisfazer e a recusa de enfrentar a desagradável realidade de que uma decisão que tem de satisfazer duas especificações diferentes e, no fundo, incompatíveis não é uma decisão, mas uma prece por um milagre.

Contudo, definir as especificações e estabelecer as condições-limite não é coisa que pode ser feita pelos "fatos", em nenhuma decisão de importância. Sempre tem de ser feita pela interpretação. É um julgamento arriscado.

Qualquer um pode tomar a decisão errada – de fato, todos tomarão, algumas vezes, a decisão errada. Entretanto, ninguém precisa tomar uma decisão que, em sua própria apresentação, mostra-se deficiente em satisfazer as condições-limite.

3 ▪ Temos de começar com o que é certo, e não com o que é aceitável, precisamente porque temos de chegar sempre a um arranjo no final. Contudo, se não sabemos o que é correto para satisfazer as especificações e as condições-limite, não podemos distinguir entre a concessão certa e a errada – e terminaremos por fazer o arranjo errado.

> ▪ Aprendi isso quando comecei, em 1944, no meu primeiro grande trabalho de consultor, um estudo da estrutura e das normas de administração da General Motors Corporation. Alfred P. Sloan Jr., que era então o presidente e principal executivo da companhia, chamou-me ao seu gabinete e disse: "Não lhe direi o que estudar, o que escrever ou a que conclusões chegar. Esta é sua função. Minha única instrução é que diga o que pensa que está certo, tal como vê. Não se preocupe com nossa reação; não se impressione se iremos gostar disso ou não gostar daquilo. Acima de tudo, não se preocupe com os arranjos que poderão ser necessários para tornar suas recomendações aceitáveis. Não há nenhum gestor nessa companhia que não saiba como realizar qualquer arranjo concebível, sem nenhum auxílio de sua parte. Contudo, ele não poderá fazer o arranjo *certo,* a não ser que você, primeiro, lhe diga o que é o "certo".

O presidente Kennedy aprendeu essa lição com o fiasco da Baía dos Porcos. Isso explica, amplamente, seu triunfo na crise dos mísseis cubanos, dois anos depois. Sua insistência implacável, então, em prever que condições-limite a decisão tinha que satisfazer deu-lhe o conhecimento de que arranjos aceitar (isto é, o abandono tácito da exigência americana de uma inspeção terrestre, depois que o reconhecimento aéreo mostrou que tal inspeção não era mais necessária) e no que insistir, ou seja, no desmantelamento físico e retorno à Rússia dos próprios mísseis soviéticos.

Há dois tipos diferentes de arranjos. Um é exemplificado pelo velho provérbio: "Meio pão é melhor que nenhum". O outro é a história do

Julgamento de Salomão, que foi claramente baseada na compreensão de que "meia criança é pior do que nenhuma". No primeiro caso, as condições-limite ainda estão sendo satisfeitas. A finalidade do pão é alimentar, e a metade de um pão ainda é alimento. Meia criança, porém, não satisfaz as condições-limite, pois meia criança não é a metade de uma criança que vive e cresce; é um cadáver dividido em dois pedaços.

É infrutífero e uma perda de tempo preocupar-se com o que é aceitável e com o que é melhor não dizer para não provocar resistência. As coisas com que nos preocupamos nunca acontecem. E as objeções e dificuldades em que ninguém pensou tornam-se, repentinamente, obstáculos quase intransponíveis. Em outras palavras, ninguém lucra por começar com a pergunta: "O que é aceitável?". E, no processo de responder a isso, abandonamos as coisas importantes, em geral, e perdemos qualquer oportunidade de encontrar uma resposta eficaz, quando não a correta.

4 ▪ A transformação da decisão em ação é o quarto elemento importante do processo de tomada de decisão. Enquanto o raciocínio a respeito das condições-limite é a fase difícil da tomada de decisão, a transformação da decisão em ação eficaz é, normalmente, a que consome mais tempo. Contudo, a decisão não se tornará eficaz se os detalhes da ação não tiverem sido incluídos na decisão desde o princípio.

De fato, nenhuma decisão pode ser tomada sem que sua execução, em fases específicas, seja missão e responsabilidade de alguém. Até então, só há boas intenções.

> ▪ Esta é a dificuldade com tantas normas propostas, especialmente no ramo dos negócios. Não há nelas nenhuma intenção de ação. Ninguém é encarregado ou tem responsabilidade de transformá-las em ação. Não é de admirar que o pessoal da organização tenda a encará-las cinicamente, quando não as julga como declarações de algo que a alta administração não vai realmente fazer.

A transformação de uma decisão em ação exige a resposta a várias perguntas distintas: Quem deve tomar conhecimento dessa decisão? Que ações terão de ser realizadas? Quem deve realizá-las? e de que espécie são essas ações de forma que as pessoas, que vão realizá-las, *possam* executá-las? A primeira e a última dessas perguntas são muitas vezes esquecidas – com tristes resultados.

- Uma história que se tornou lendária entre pesquisadores operacionais mostra a importância da pergunta: "Quem deve tomar conhecimento?". Um dos grandes fabricantes de equipamento industrial decidiu, há muitos anos, deixar de fabricar um determinado modelo. Durante anos o equipamento havia sido padronizado em uma linha de máquinas operadoras, muitas ainda em uso. Foi decidido, então, vender o modelo para os então proprietários do equipamento mais antigo, ainda durante três anos, para substituição e, então, descontinuar a fabricação e a venda. Os pedidos desse modelo especial tinham diminuído no decorrer de muitos anos. Mas cresceram quando os antigos compradores fizeram pedidos tendo em vista o dia em que o modelo não mais seria fabricado. Ninguém, porém, havia perguntado: "Quem deve tomar conhecimento?". Por isso, ninguém informou o funcionário do departamento de compras, encarregado de adquirir as peças com as quais o próprio modelo era montado. Suas instruções eram comprar peças em determinada proporção – e as instruções permaneciam as mesmas. Quando chegou a época de descontinuar a produção do modelo, a companhia tinha, em seus depósitos, peças em quantidade suficiente para mais oito a dez anos de produção, peças que tinham que ser vendidas com prejuízo enorme.

A ação também tem de ser apropriada à capacidade das pessoas que devem executá-la.

- Uma indústria química se encontrou, há alguns anos, com quantidade bastante grande de moedas bloqueadas em dois países da África Ocidental. Decidiu, para proteger esse dinheiro, que tinha de investir em negócios locais, que contribuiriam para a economia local, não necessitassem de importação e, se bem-sucedidos, tais negócios seriam do tipo que poderia ser transferido para investidores locais quando as remessas de dinheiro para o exterior fossem novamente permitidas. Para o estabelecimento de tais negócios, a companhia desenvolveu um processo químico simples para preservar uma fruta tropical que é uma das principais produções nos dois países e que, até então, tinha sofrido muito com a deterioração quando em trânsito para os mercados ocidentais.

O negócio foi um sucesso em ambos os países. Mas, em um deles, a administração local estabeleceu o negócio de tal maneira que necessitava de uma direção habilitada e, acima de tudo, tecnicamente treinada em grau que não se encontrava facilmente na África Ocidental. No outro país, a administração local raciocinou a respeito das possibilidades do povo que teria, finalmente, de dirigir o negócio e teve um grande trabalho para tornar simples o processo e a direção e usar, desde o início, pessoal natural do país em todas as funções, mesmo as mais altas.

Alguns anos depois, tornou-se possível, novamente, transferir dinheiro desses dois países. Contudo, embora o negócio prosperasse, não foi possível encontrar comprador para ele no primeiro país. Não havia ninguém com as qualidades técnicas e administrativas necessárias. A empresa teve de ser liquidada com prejuízo. No outro país, tantos empresários locais estavam ansiosos para comprar o negócio que a companhia repatriou seu investimento original com lucro substancial.

O processo e o negócio montados com base nele eram, essencialmente, os mesmos em ambos os lugares, mas, no primeiro país, ninguém havia perguntado: "Que tipo de pessoas está disponível para tornar essa decisão eficaz? E o que essas pessoas podem fazer?". O resultado foi a própria decisão ter ficado frustrada.

Tudo isso se torna duplamente importante quando as pessoas têm de transformar o comportamento, os hábitos ou as atitudes para que uma decisão se torne eficaz. Neste caso, é necessário assegurar-se de que não só a responsabilidade da ação está claramente indicada como também que o pessoal responsável é capaz de fazer o necessário. É preciso ter certeza de que as medidas, os padrões de realização e os incentivos são mudados simultaneamente. De outro modo, as pessoas serão atingidas por um paralisante conflito emocional interno.

- A decisão de Theodore Vail de que o negócio da Bell System era a prestação de serviço teria permanecido como letra morta não fossem os padrões de desempenho de serviço que ele traçou para medir o desempenho administrativo. Os administradores da Bell vinham sendo avaliados pela lucratividade de suas unidades ou, pelo menos, pelo custo. Os novos padrões fizeram que eles aceitassem rapidamente os novos objetivos.

- Um enorme contraste é mostrado no recente fracasso de um brilhante presidente para tornar eficaz uma nova estrutura organizacional e novos objetivos em uma antiga, grande e orgulhosa companhia americana. Todos concordavam que havia necessidade de uma transformação. A companhia, depois de muitos anos de liderança em sua indústria, mostrava sinais evidentes de velhice; em quase todos os principais ramos, novos, menores e mais agressivos competidores a estavam sobrepujando. Mas, para conseguir aceitação para as novas ideias, o presidente promoveu os mais preeminentes porta-vozes da velha escola para as posições mais destacadas e bem pagas – especialmente para três novas presidências executivas. Isso passou a significar apenas uma coisa para o pessoal da companhia: "Eles não vão realmente mudar".

Se as melhores recompensas são dadas ao comportamento contrário ao que exige a nova orientação, então concluirão que esse comportamento antagônico é o que o pessoal dirigente realmente quer e está disposto a recompensar.

Nem todos podem fazer o mesmo que Vail e basear a execução de sua decisão na própria decisão, mas todos podem pensar nas ações que uma decisão específica necessita, que funções se derivam dela e que pessoas deverão levá-la adiante.

5 ▪ Finalmente, um retrospecto deve ser previsto na decisão para permitir uma verificação contínua, contra acontecimentos reais, do que é esperado com a decisão.

As decisões são tomadas por pessoas. Estas são falíveis; na melhor hipótese, suas obras não são eternas. Mesmo a melhor decisão tem grande probabilidade de estar errada. Até a mais eficaz se torna obsoleta.

> ▪ Se é necessário um registro, podemos encontrá-lo nas decisões de Vail e Sloan. Apesar de sua imaginação e ousadia, apenas uma das decisões de Vail, a de que o serviço era o negócio da Bell System, ainda é válida e aplicável na forma pela qual ele a criou. A característica de investimento das ações da AT&T teve de ser drasticamente transformada na década de 1950, em resposta ao aparecimento dos fundos mútuos e dos investimentos institucionais de pensões – como novos canais pelos quais a classe média faz investimentos. Enquanto os Laboratórios Bell mantiveram sua posição dominante, os novos desenvolvimentos científicos e técnicos – especialmente em tecnologia espacial e em produtos tais como o *laser* – tornaram razoavelmente evidente que nenhuma companhia de comunicações, por maior que seja, pode supor ser capaz de prover, por seus próprios meios, todas as suas necessidades tecnológicas e científicas. Ao mesmo tempo, o desenvolvimento da tecnologia tornou provável – pela primeira vez em 75 anos – que novos processos de telecomunicações competirão, seriamente, com o telefone e que nos principais campos das comunicações, isto é, informação e comunicação de dados, nenhum meio isolado de comunicações pode manter o domínio, e muito menos o monopólio, que a Bell tem tido em relação à transmissão da voz através da distância. Embora a regulamentação continue a ser uma necessidade para uma companhia de telecomunicações de caráter privado, aquela que Vail teve tanto trabalho para estabelecer – isto é,

regulamentação por Estados – está se tornando cada vez mais imprópria para as realidades de um sistema interestadual e, realmente, internacional. Em contrapartida, a regulamentação inevitável – e necessária – pelo governo federal não foi feita pela Bell System; ao contrário, tem sido por ela combatida por meio de uma espécie de ação retardadora que Vail tomou cuidado para não se envolver.

Quanto à descentralização de Sloan na General Motors, ela ainda resiste – mas está se tornando evidente que tem de ser revista completamente muito em breve. Não apenas os princípios básicos de seu projeto que foram mudados e revistos tão frequentemente que se tornaram embaralhados a ponto de serem irreconhecíveis: as divisões automobilísticas autônomas, por exemplo, estão perdendo, cada vez mais, o completo controle de suas operações de fabricação e montagem e, por isso, não podem ser responsáveis totalmente pelos resultados. As diferentes marcas de automóvel, do Chevrolet ao Cadillac, já deixaram, há muito tempo, de ser as de alto preço, como Sloan originalmente as imaginou. Acima de tudo, Sloan montou uma companhia americana – e, embora tenha logo adquirido subsidiárias estrangeiras, manteve-se como companhia americana em sua organização e estrutura administrativa. A General Motors é, hoje, claramente uma companhia internacional. Seu maior crescimento e oportunidades mais importantes são cada vez mais fora dos EUA e especialmente na Europa. Só sobreviverá e prosperará se encontrar os princípios certos e a organização correta para uma companhia multinacional. O trabalho que Sloan realizou em 1922 terá de ser feito novamente agora – pode-se mesmo predizer que se tornará obrigatório tão logo a indústria atravesse um período de dificuldades econômicas. Se não for feito integral e drasticamente, a solução de Sloan poderá transformar-se em uma corda no pescoço da GM e, cada vez mais, um empecilho ao seu sucesso.

Quando o general Eisenhower foi eleito presidente, seu antecessor, Harry S. Truman, disse: "Pobre Ike; quando ele era general, dava uma ordem e era cumprida. Agora, ele vai sentar-se neste grande escritório, vai dar uma ordem, e nada vai acontecer."

O motivo pelo qual "nada vai acontecer" não é, porém, que os generais têm mais autoridade que os presidentes. É que as organizações militares já aprenderam, há muito tempo, que a inutilidade é o destino da maioria das ordens e organizaram os meios de verificar a execução da ordem. Aprenderam, há muito, que ver, pessoalmente, é a única verificação eficaz. Os relatórios – tudo o que o presidente é normalmente capaz de mobilizar – não são de grande auxílio.

- Isso era uma norma militar certamente estabelecida nos tempos mais antigos. Tanto Tucídides como Xenofonte a consideravam implícita, tal como os textos militares chineses que conhecemos – e assim fazia César.

Todas as forças militares aprenderam, há muito tempo, que um oficial que dá ordens vai verificar, por si mesmo, se ela está sendo cumprida. No mínimo, manda um de seus auxiliares – não confia nunca no que lhe é dito pelo subordinado a quem deu a ordem. Não é que desconfia do subordinado; ele aprendeu, pela experiência, a desconfiar das comunicações.

- É por essa razão que se espera que um comandante de batalhão vá provar a comida que é servida aos seus homens. Poderia, certamente, ler os cardápios e determinar que este ou aquele prato lhe fosse trazido. Mas não; o que se espera é que ele vá ao rancho e se sirva da mesma comida da qual se alimentam os soldados.

Com a descoberta do computador, isso se tornará cada vez mais importante porque é quase certo que o tomador de decisões estará muito longe do local da ação. A não ser que aceite, naturalmente, que é melhor ver o local da ação, ele estará cada vez mais separado da realidade. Tudo o que um computador pode manejar são abstrações; e as abstrações só são dignas de confiança se são constantemente verificadas em relação ao que é concreto. De outro modo, serão certamente enganadoras.

Ir e verificar por si mesmo é também o melhor, se não o único, caminho para confirmar se as suposições que serviram de base à decisão são ainda válidas ou se tornaram obsoletas e precisam ser novamente analisadas; e devemos sempre esperar que se tornem obsoletas, mais cedo ou mais tarde. A realidade nunca permanece a mesma por muito tempo.

A falta de verificação é a razão típica para a persistência em uma orientação muito tempo depois que ela deixou de ser apropriada ou mesmo racional. Isso é verdadeiro nas decisões em negócios, assim como na política governamental. Isso explica, grandemente, o fracasso da política de pós-guerra de Stalin na Europa, bem como a incapacidade dos EUA em adaptar sua política às realidades da Europa de De Gaulle ou a falha dos ingleses em aceitar, até ser tarde demais, a realidade do Mercado Comum Europeu.

Precisa-se de informação organizada para verificação. Precisa-se de relatórios e de números. Mas, a não ser que se estabeleça a verificação com base na exposição direta à realidade – a não ser que a pessoa se obrigue a ir e ver –, condenamo-nos ao dogmatismo estéril e, com ele, à ineficácia.

Esses são os elementos do processo da decisão – e o que dizer da própria decisão?

7

Decisões Eficazes

- A TOMADA DE DECISÃO E O COMPUTADOR, 189

UMA DECISÃO É UM JULGAMENTO; É UMA ESCOLHA ENTRE ALTERNATIVAS; É, RARAMENTE, UMA ESCOLHA ENTRE O CERTO E O ERRADO; NO MÁXIMO, É UMA ESCOLHA ENTRE O "QUASE CERTO" E O "PROVAVELMENTE ERRADO" — MAS, MUITO MAIS FREQUENTEMENTE, É UMA ESCOLHA ENTRE DUAS LINHAS DE AÇÃO, EM QUE NENHUMA DELAS ESTÁ PROVAVELMENTE MAIS PERTO DO CERTO DO QUE A OUTRA.

A maioria dos livros sobre a tomada de decisões diz ao leitor: "Primeiro procure os fatos". Os gestores que tomam decisões eficazes sabem, contudo, que não se começa pelos fatos. Inicia-se com opiniões. São, naturalmente, apenas hipóteses não comprovadas e, como tais, sem valor, até serem testadas contra a realidade. Para determinar o que é um fato, é preciso, primeiro, uma decisão sobre os critérios de relevância, especialmente, sobre a medida apropriada. Esse é o ponto principal da decisão eficaz e, normalmente, seu aspecto mais controvertido.

Finalmente, a decisão eficaz não vem, como muitos livros sobre tomada de decisão proclamam, de uma apreciação dos fatos. O entendimento que jaz na decisão certa vem do encontro e conflito de opiniões divergentes e de sérias considerações sobre alternativas rivais.

É impossível ter primeiro os fatos. Não há fatos antes de haver critério de relevância. Os acontecimentos por si mesmos não são fatos.

- Em Física, o sabor de uma substância não é um fato – nem, até bem recentemente, sua cor. Na cozinha, o paladar é um fato de suprema importância e, na pintura, é a cor que interessa. A Física, a cozinha e a pintura consideram coisas diferentes como relevantes e, por isso, consideram coisas diferentes como fatos.

O gestor eficaz também sabe que as pessoas não começam com a pesquisa dos fatos. Iniciam com uma opinião. Não há nada errado nisso. Deve-se esperar que as pessoas experientes em determinado ramo tenham uma opinião. Não ter uma opinião depois de ter ficado sujeito a uma atividade, por algum tempo, indicaria um olho pouco observador e uma mente preguiçosa. As pessoas, por isso, inevitavelmente começam por uma opinião; pedir-lhes que, primeiro, procurem os fatos é até indesejável. Farão, simplesmente, o que todos estão sempre muito prontos a fazer: procurar os fatos que se ajustem à conclusão a que já chegaram. E ninguém ainda deixou de achar os fatos que estava procurando. O bom estatístico sabe disso e desconfia de todos os números – ele ou conhece o indivíduo que os encontrou ou não o conhece; em ambos os casos ele fica desconfiado.

O único método rigoroso, o único que nos permite testar uma opinião contra a realidade, é fundamentado no reconhecimento claro de que as opiniões estão em primeiro lugar – e que esse é o modo que deve ser. Então, ninguém pode deixar de ver que iniciamos com hipóteses não verificadas – o único ponto de partida não só na tomada de decisões, como na ciência. Sabemos o que fazer com hipóteses – não discutimos com elas, as testamos. Verificamos quais as hipóteses são válidas e, portanto, dignas de séria consideração, e quais as eliminadas pelo primeiro teste contra a experiência observável.

O gestor eficaz encoraja opiniões, mas insiste em que as pessoas que as emitem também raciocinem naquilo que a "experimentação" – isto é, o teste da opinião em relação à realidade – tem de mostrar. O gestor eficaz, então, pergunta: "O que devemos saber para verificar a validade dessa hipótese? Que fatos farão essa opinião sustentável?. "E ele torna um hábito – para si e para o pessoal com quem trabalha – raciocinar e apresentar as necessidades que devem ser observadas, estudadas e testadas. Insiste que as pessoas que emitem uma opinião também tomem a responsabilidade de definir que descobertas correlatas devem ser esperadas e ser procuradas.

A pergunta crucial aqui talvez seja: "Qual é o critério de relevância?" Ela, na maioria das vezes, dará a medida certa do assunto em discussão e da decisão a que se quer chegar. Sempre que analisamos o modo pelo qual uma decisão eficaz, uma decisão verdadeiramente correta, deva ser atingida, verificamos que uma grande quantidade de trabalho e de pensamento foi destinada à procura da medida certa.

- Isso, certamente, foi o que fez da decisão de Theodore Vail de que serviço era o negócio da Bell System uma decisão tão eficaz.

O tomador de decisões eficaz supõe que a medida tradicional não é a medida certa. De outra maneira, não haveria necessidade de uma decisão; um simples ajuste resolveria. A medida tradicional reflete a decisão de ontem. O fato de ser necessária uma nova normalmente indica que a medida não é mais relevante.

- Sabia-se, desde a Guerra da Coreia, que as normas de aquisição e estocagem das Forças Armadas Americanas estavam em má situação. Tinha havido uma quantidade sem conta de estudos – mas as coisas pioravam em vez de melhorar. Quando Robert McNamara foi designado Secretário da Defesa pelo presidente Kennedy, contudo, ele combateu as medidas tradicionais do estoque militar – medidas em total de dólares e em número total de artigos na aquisição e no estoque. Em vez delas, McNamara identificou e separou os pouquíssimos artigos – talvez 4% dos artigos, em número – que, reunidos, correspondiam a 90% ou mais do total de dólares de aquisição. Identificou, também, os pouquíssimos artigos – talvez novamente 4% – que influíam em 90% da capacidade de combate. Como muitos artigos pertencem a ambas as categorias, a lista de artigos cruciais atinge 5 a 6% do total, seja em número ou em dólares. Cada um deles, insistia McNamara, tinha de ser tratado separadamente e com atenção até o mínimo detalhe. O restante, os 95%, mais ou menos, de todos os artigos que não contavam nem para o total de dólares nem para a capacidade essencial de combate, ele passou para a administração de exceção, isto é, administração pela probabilidade e pelas médias. As novas medidas permitiram, imediatamente, decisões altamente eficazes na aquisição e manutenção de estoque e em logística.

O melhor meio de encontrar a medida apropriada é ainda fazer a verificação de que tratamos anteriormente. Deve-se considerar, apenas, que essa é uma verificação feita antes da decisão.

- Em muitos problemas relacionados à gestão de pessoas, por exemplo, os acontecimentos são medidos pelas "médias", tais como a medida de acidentes por cada cem empregados, a porcentagem média de absentismo no grupo de trabalho total, ou a taxa de doença, em porcentagem. Mas o gestor que verifica pessoalmente descobre logo que precisa de uma medida diferente.

As médias servem para a finalidade das companhias de seguros, mas são sem significado, e até mesmo desorientadoras, para as decisões administrativas sobre o pessoal.

A maioria dos acidentes ocorre em um ou dois lugares da fábrica. A maior parte do absentismo é em um único departamento. Mesmo a doença que resulta na ausência ao trabalho, sabemos agora, não é distribuída como uma média, mas é concentrada em uma pequena parte de todo o grupo de trabalho, ou seja, as mulheres jovens solteiras. As ações sobre pessoal que se apoiarem nas médias, a típica campanha de segurança de trabalho, por exemplo, não produzirão os resultados almejados, e podem mesmo tornar a situação pior.

Da mesma maneira, a deficiência de verificação foi o principal fator no fracasso da indústria automobilística de compreender, em tempo, a necessidade de construção segura do carro. As companhias automobilísticas mediam apenas as médias convencionais de número de acidentes por passageiro quilômetro ou por carro. Se tivessem ido fazer a verificação pessoal, teriam observado a necessidade de medir, também, a gravidade das lesões corporais resultantes dos acidentes. E isso iria em breve chamar a atenção para a necessidade de suplementar suas campanhas de segurança com medidas destinadas a tornar os acidentes menos perigosos, isto é, pelo desenho dos automóveis.

Encontrar a medida apropriada não é, portanto, um exercício matemático, mas, sim, um julgamento arriscado.

Sempre que temos de fazer um julgamento, devemos ter alternativas entre as quais escolher uma. Um julgamento em que temos de dizer apenas "sim" ou "não" não é um julgamento em absoluto. Só quando temos alternativas é que podemos apreciar o que está verdadeiramente em causa.

Os gestores eficazes, portanto, insistem em ter alternativas de medida – para que possam escolher a única apropriada.

- Há uma quantidade de medidas para uma proposta de investimento de capital. Uma delas focaliza a duração de tempo em que o investimento original será recuperado. Outra aponta o índice de lucratividade esperado com o investimento. Uma terceira, o valor atual dos dividendos que se esperam como resultado do investimento, e assim por diante. O gestor eficaz não se contentará com nenhuma dessas medidas convencionais, por mais ardentemente que seu departamento financeiro assegure que apenas uma delas é "científica". Sabe, pelo menos por experiência, que cada uma dessas análises apresenta um aspecto diferente da mesma decisão de investimento de capital. Até que tenha olhado cada dimensão possível da decisão, não poderá saber qual desses métodos de analisar e medir é o apropriado para a decisão específica sobre capital que está enfrentando. Por mais que aborreça os contabilistas, o gestor eficaz insistirá em ter a mesma decisão de investimento calculada nos três modos – assim poderá dizer, por fim: "esta medida é apropriada para esta decisão".

A não ser que consideremos as alternativas, teremos uma mente fechada.

Isso, acima de tudo, explica por que os tomadores de decisões eficazes não levam em consideração a segunda regra importante dos livros sobre tomada de decisões e provocam dissensão e divergências, mais que aprovação.

As decisões da espécie que o gestor tem de tomar não são conseguidas em boa forma por aclamação. Só serão boas se baseadas no choque de ideias conflitantes, no diálogo entre pontos de vista diferentes, na escolha entre julgamentos diversos. A primeira regra para a tomada de decisões é que não se toma uma decisão a não ser que haja divergência.

- Diz-se que Alfred P. Sloan declarou em uma reunião de suas mais importantes comissões: "Senhores, suponho que nós todos estamos de acordo em relação à decisão que vamos tomar hoje". Todos em torno da mesa gesticularam afirmativamente. "Então", continuou Sloan, "proponho o adiamento de qualquer discussão deste assunto até nossa próxima reunião, para nos dar tempo para encontrar alguma divergência e, talvez, conseguir alguma compreensão do que trata a decisão".

Sloan podia ser tudo, menos um tomador de decisões "intuitivo". Ele sempre dava ênfase à necessidade de testar as opiniões em relação aos fatos e de estar absolutamente seguro de que ninguém começava pela conclusão e, então, procurava os fatos que a apoiariam. Ele sabia que a decisão correta necessita de divergência adequada.

Todos os presidentes eficazes da história americana tiveram seu método próprio de provocar a divergência que precisavam para tomar uma decisão eficaz. Lincoln, Theodore Roosevelt, Franklin D. Roosevelt, Harry Truman – cada um tinha seu método próprio –, mas todos criavam a divergência que precisavam por meio de "alguma compreensão do que trata a decisão". Sabemos que Washington detestava conflitos e discussões e queria um gabinete unido. Contudo, ele conseguia sempre as diferenças de opinião necessárias em assuntos importantes perguntando tanto a Hamilton como a Jefferson as suas opiniões.

- O presidente que talvez tenha compreendido melhor a necessidade de uma divergência organizada foi Franklin D. Roosevelt. Sempre que algum assunto importante chegava a ele, chamava particularmente um dos assistentes e dizia-lhe: "Quero que trabalhe nisso para mim – mas mantenha segredo". (Isso, certamente, como Roosevelt sabia perfeitamente, faria que todos em Washington ouvissem a respeito imediatamente.) Então, Roosevelt chamaria alguns outros homens, conhecidos como de opinião diferente do primeiro, e dava-lhes a mesma missão, novamente "no mais estrito sigilo". Em consequência, ele podia ficar razoavelmente certo de que todos os mais importantes aspectos do assunto seriam inteiramente observados e apresentados a ele. Podia ficar certo de que não se tornaria prisioneiro das conclusões preconcebidas de alguém.

Esse hábito foi severamente criticado como administração execrável pelo único "administrador profissional" do gabinete de Roosevelt, seu secretário do Interior, Harold Ickes, cujo diário está cheio de diatribes contra as "sujeiras", "indiscrições" e "traições" do presidente. Contudo, Roosevelt sabia que a tarefa mais importante de um presidente americano não era a administração, mas a determinação da política de governo, a tomada de decisões acertadas – e estas são feitas com base em "procedimentos adversários", para usar o termo que os advogados usam para seu método de chegar aos verdadeiros fatos em disputa, e de se assegurar de que todos os aspectos relevantes de um caso sejam apresentados no Tribunal.

Há três razões para insistir na divergência.

Em primeiro lugar, é a única salvaguarda do tomador de decisão de se tornar prisioneiro da organização. Todos sempre querem alguma coisa do tomador de decisão. Cada um é um advogado especial, tentando – muitas vezes na melhor boa fé – obter a decisão que ele prefere. Isso é verdadeiro, seja o tomador de decisão o presidente dos EUA ou o mais novo engenheiro trabalhando em uma modificação de projeto.

O único meio de se ver livre de alegações e de noções preconcebidas é garantir divergências bem argumentadas, documentadas e debatidas.

Em segundo lugar, só a divergência pode prover alternativas a uma decisão; e uma decisão sem uma alternativa é um lance de jogador desesperado, por mais cuidadosamente raciocinada que possa ter sido. Há sempre alta possibilidade de que a decisão venha a se mostrar errada – seja porque estava errada desde o começo, seja porque uma mudança das circunstâncias a tornou errada. Se tivermos raciocinado em alternativas durante o processo de tomada de decisão, podemos ter alguma coisa a que retomar, alguma coisa que já foi debatida, que já foi estudada, que já foi compreendida. Sem tal alternativa, estamos fadados a lutar tristemente, quando a realidade provar que a decisão é inoperante.

- No capítulo anterior, referi-me não só ao Plano Schlieffen do Exército alemão, em 1914, como ao programa econômico original do presidente Roosevelt. Ambos foram desaprovados pelos acontecimentos no exato momento em que deviam estar produzindo efeito.

  O Exército alemão nunca se recuperou. Nunca formulou outro conceito estratégico. Caminhou de uma improvisação malconcebida para outra – mas isso era inevitável. Durante 25 anos o Estado-Maior Geral não havia considerado nenhuma alternativa para o Plano Schlieffen. Toda a sua habilidade foi empregada no detalhamento desse plano fundamental. Quando o plano se esfacelou, ninguém tinha nenhuma alternativa em que se apoiar. Apesar de todo o seu cuidadoso treinamento em planejamento estratégico, os generais só podiam improvisar, isto é, atirar-se primeiro em uma direção e depois em outra, sem realmente compreender por que se tinham atirado pela primeira vez.

- Outro acontecimento de 1914 mostra também o perigo de não haver alternativa. Depois que os russos ordenaram a mobilização, o Czar resolveu voltar atrás. Chamou seu Chefe de Estado-Maior e pediu-lhe para sustar a mobilização. "Majestade", respondeu o general, "é impossível; não há planos para desistir da mobilização, uma vez que tenha sido iniciada". Não acredito que a Primeira Guerra Mundial tivesse sido impedida se os russos tivessem conseguido parar sua máquina militar no último momento, mas teria sido uma última oportunidade para evitar a loucura.

- Em contraste, o presidente Roosevelt, que nos meses anteriores à sua posse baseou toda a sua campanha no *slogan* da ortodoxia econômica, tinha uma equipe de pessoas muito hábeis, que veio a ser chamada de "Truste de Cérebros", trabalhando em uma alternativa, uma política radical, baseada nas propostas dos antigos "progressistas", visando a uma reforma econômica e social em grande escala. Quando o colapso do sistema bancário tornou evidente que a ortodoxia econômica se havia tornado suicídio político, Roosevelt tinha pronta a sua alternativa. Tinha, portanto, uma política.

Sem uma alternativa preparada, contudo, Roosevelt teria ficado completamente perdido, como o Estado-Maior Alemão ou o Czar das Rússias. Quando assumiu a presidência, Roosevelt estava inclinado para a teoria convencional do século 19 em relação à economia internacional. Entre sua eleição em novembro de 1932 e sua posse no mês de março seguinte, porém, a economia internacional afundou também, tanto quanto a nacional. Roosevelt viu isso claramente, mas, sem alternativas, estava reduzido à improvisação imponente. Mesmo um homem capaz e ágil como o presidente Roosevelt só podia andar tateando no que, repentinamente, se tornaria cerração completa, só podia oscilar loucamente de um extremo ao outro – como fez quando torpedeou a Conferência Econômica de Londres; só se podia tornar prisioneiro dos economistas vendedores ambulantes com suas panaceias patenteadas, tais como desvalorização do dólar ou recunhagem da prata, ambas totalmente irrelevantes para qualquer dos problemas reais.

Um exemplo ainda mais claro foi o plano de Roosevelt de "encher" a Corte Suprema, depois de sua arrasadora vitória em 1936. O plano consistia em aumentar o número de Ministros da Corte Suprema com nomeação de homens seus que lhe assegurassem maioria certa nos julgamentos, coisa que ele então não tinha. Isso encontrou forte oposição no Congresso, que ele pensava controlar completamente, e Roosevelt não teve alternativa.

Em consequência, não perdeu apenas seu plano de reforma da Corte Suprema, mas também o controle da política interna – apesar de sua crescente popularidade e de suas maiorias maciças.

A divergência é necessária, acima de tudo, para estimular a imaginação. É certo que ninguém precisa de imaginação para encontrar a resposta correta para um problema. Mas isso só é verdadeiro na matemática. Em todos os assuntos de verdadeira incerteza como aqueles com que lida o gestor – seja sua esfera política, econômica, social ou militar – é preciso haver soluções criativas que façam surgir uma nova situação. E isso significa que se precisa de imaginação – um novo e diferente modo de perceber e compreender.

Admito que imaginação de primeira ordem não existe em suprimento abundante; mas também não é tão escassa como em geral se acredita. Contudo, a imaginação precisa ser desafiada e estimulada, ou então permanecerá latente, sem uso. A divergência, especialmente quando obrigada a ser racional, pensada, documentada, é o estímulo mais eficiente que conheço.

- Pouquíssimas pessoas têm a capacidade de Humpty-Dumpty para imaginar tantas coisas impossíveis antes do café da manhã; tampouco têm a imaginação do criador do Humpty-Dumpty, Lewis Carroll, autor de *Alice no País das Maravilhas,* mas mesmo crianças bem pequenas têm imaginação suficiente para apreciar *Alice*. Embora, como diz Jerome S. Bruner em seu livro *Toward a Theory of Instruction* (Harvard, 1966), uma criança de oito anos perceba rapidamente que "4×6 é o mesmo que 6×4, mas que um homem grande não é a mesma coisa que um grande homem", isso é percepção imaginativa de alta ordem. Inúmeras decisões de adultos são tomadas na suposição de que "um homem grande" realmente deve significar o mesmo que "um grande homem".

  Uma antiga história nos conta de um ilhéu dos mares do Sul, no tempo da Rainha Vitória, que, depois de sua volta de uma visita ao Ocidente, disse aos seus conterrâneos que os ocidentais não tinham água em suas casas e edifícios. Em sua ilha natal, a água corria por troncos cavados e era perfeitamente visível. Na cidade ocidental, vinha em tubos e, portanto, só aparecia quando alguém abria uma torneira, mas ninguém havia explicado ao visitante o que era uma torneira.

Cada vez que ouço esta história, penso na imaginação. A não ser que abramos a "torneira", a imaginação não fluirá. A torneira é a divergência argumentada e disciplinada.

O tomador de decisão eficaz, portanto, organiza a divergência. Isso o protege contra ser levado pelo plausível, mas falso ou incompleto. Dá-lhe as alternativas para poder escolher e tomar uma decisão, mas também para que não fique perdido na cerração quando a decisão se mostrar deficiente ou errada na execução; e força a imaginação – sua própria e as de seus associados. A divergência transforma o plausível no correto e o correto em uma boa decisão.

O tomador de decisão eficaz não começa pela suposição de que uma linha de ação proposta é a certa e que todas as outras são erradas nem com a suposição de que "Estou certo e ele está errado ", mas, sim, com a intenção de verificar por que as pessoas divergem.

Os gestores eficazes sabem, naturalmente, que há loucos soltos e que há causadores de dano; porém, não supõem que o homem que diverge daquilo que ele vê claramente como óbvio seja, por isso, louco ou patife. Sabem que, até prova em contrário, deve-se admitir que o divergente é razoavelmente inteligente e razoavelmente leal. Portanto, temos de supor que ele chegou à conclusão, tão obviamente errada, porque vê uma realidade diferente e está raciocinando com um problema diferente. O gestor eficaz, portanto, sempre pergunta: "O que é que este camarada teria a ver se sua posição fosse, afinal, sustentável, racional, inteligente?". O gestor eficaz está interessado, em primeiro lugar, em compreensão. Só então vai pensar em quem está certo e quem está errado. Isso, logicamente, não é nada novo. É, realmente, apenas uma paráfrase de Mary Parker Follet (cf. seu *Dynamic Administration,* organizado por Metcalf e Urwick, Londres e Nova York, 1951) que, por sua vez, apenas ampliou os argumentos de Platão em *Fedro,* seu grande diálogo sobre retórica.

- Em um bom escritório de advocacia, um recém-formado da Faculdade de Direito é designado, inicialmente, para apresentar as mais fortes razões contra o cliente do outro advogado. Isso representa não somente um método inteligente que devemos adotar antes que comecemos a trabalhar no caso do nosso próprio cliente (temos de admitir, afinal, que o advogado da outra parte também conhece a profissão), mas é também um bom treinamento para o jovem advogar. Ensina-o a não começar com "Sei que estou com a razão", mas a pensar no que o outro lado deve saber, ver ou supor como provável, para acreditar por fim que há um caso. Mostra-lhe que ele deve ver os dois lados como alternativas. Só, então, estará capacitado a compreender o que significa totalmente o seu lado da questão; só então ele poderá debater veementemente no tribunal, para provar que sua alternativa deve ser preferida àquela que o outro lado argumenta.

Não preciso dizer que isso não é feito por um grande número de pessoas, gestores ou não. A maior parte das pessoas começa com a certeza de que o que veem é o único modo de enxergar.

- Os gestores da indústria siderúrgica americana nunca fizeram a pergunta: "Por que este pessoal do sindicato fica tão terrivelmente agitado cada vez que mencionamos as palavras "exigências sindicais"? O pessoal do sindicato, por sua vez, nunca perguntou a si mesmo por que os gestores do aço criam tanto caso sobre as "exigências sindicais", uma vez que, cada vez que isso tenha acontecido, tenha mostrado ser insignificante e irrelevante o resultado. Os dois lados se empenham intensamente em provar que o outro está errado, mas, se cada um tivesse tentado compreender o ponto de vista do outro e por que, ambos se tornariam muito mais fortes, e as relações de trabalho na indústria do aço – e talvez na indústria americana – seriam muito melhores e mais salutares.

Por mais intensa que sejam suas emoções, por mais que ele tenha certeza de que o outro lado está completamente errado e não tem razão alguma, o gestor que quer tomar a decisão certa tem de se forçar a ver um ponto de vista contrário como *seu* meio de raciocinar em relação a alternativas. Ele usa o conflito de opiniões como um auxílio para ter a certeza de que investigou cuidadosamente todos os aspectos principais de um assunto importante.

Há uma última pergunta que o tomador de decisões eficaz tem de fazer: "É realmente necessária uma decisão?" *Uma* alternativa é sempre a de deixar tudo como está.

Cada decisão é como uma operação cirúrgica; é uma intervenção em um sistema e, assim, conduz consigo o risco do choque. Não se tomam decisões desnecessárias, como um bom cirurgião não faz cirurgia desnecessária. Os tomadores de decisões, individualmente, como os cirurgiões, diferem em seus estilos. Uns são mais radicais ou mais conservadores que os outros, mas, em grande medida, concordam quanto às regras.

Uma decisão deve ser tomada quando uma condição se apresenta com risco de degenerar se nada for feito. Isso também se aplica em relação à oportunidade. Se a oportunidade é importante e pode vir a desaparecer, salvo se agirmos rapidamente, temos de agir – e implementarmos uma mudança radical.

- Os contemporâneos de Theodore Vail concordavam com ele em relação ao perigo crescente da estatização de empresas pelo governo. Contudo, eles queriam combatê-lo, atacando sintomas – atacando esta ou aquela lei no Congresso, opondo-se a este ou aquele candidato e apoiando outro, e assim por diante. Somente Vail compreendeu que esse é um meio ineficaz para combater uma situação que se torna cada vez mais provável. Mesmo que se ganhem todas as batalhas, nunca se poderá vencer a guerra. Percebeu que era necessária uma ação drástica para criar uma nova situação. Só ele viu que a empresa particular tem de aceitar a regulamentação pública como uma alternativa eficaz contra a estatização.

Por outro lado, existem aquelas condições em relações às quais, sem sermos indevidamente otimistas, podemos esperar que elas se resolvam por si mesmas, até se nada for feito. Se a resposta à pergunta "O que acontecerá se nada fizermos?" for "Tudo se resolverá por si só", não devemos interferir. Não devemos interferir quando a condição, embora desagradável, não tem nenhuma importância nem demonstra fazer qualquer diferença afinal.

- É raro o gestor que entende isso. O administrador financeiro que, em uma crise econômica desesperada, prega a redução de custos, raramente deixa de dar importância a ninharias, cuja eliminação nada significará. Ele pode saber, por exemplo, que os custos significativos que estão fora de controle se encontram no departamento de vendas e na distribuição física, e trabalhará intensa e brilhantemente para colocá-los sob controle. Depois, entretanto, perderá todo o crédito e todo o seu esforço ao criar um caso para demitir dois ou três antigos empregados, que ele julga desnecessários, em uma fábrica a qual, no mais, é eficiente e bem dirigida; classificará de imoral o argumento de que a eliminação desses poucos funcionários fará alguma diferença. "Outras pessoas estão fazendo sacrifícios", dirá, "por que o pessoal da fábrica vai continuar ineficiente?".

Quando tudo terminar, a organização vai esquecer facilmente que ele salvou o negócio; mas todos se lembrarão de sua *vendetta* contra dois ou três pobres diabos da fábrica – e com razão. *"De minimis non curat praetor"* (o magistrado não leva em conta bagatelas) dizia a lei romana, há quase dois mil anos – mas muitos tomadores de decisão ainda precisam aprender isso.

A grande maioria das decisões se enquadrará entre esses dois extremos. O problema não vai resolver-se sozinho; mas não é provável que se transforme também em mal progressivo. A oportunidade é apenas para melhoramento, mais do que para mudança real ou inovação; mas merece bastante ser levada em consideração. Em outras palavras, se não agirmos, ela terá toda a probabilidade de sobreviver, mas, se agirmos, estaremos muito melhor.

Nessa situação, o tomador de decisão eficaz compara o esforço e risco de ação com o risco de inação. Não há, aqui, nenhuma fórmula para a decisão correta. Mas as linhas-mestras são tão claras que a decisão, no caso concreto, raramente é difícil. São:

- aja se, na comparação, os benefícios sobrepujam grandemente o custo e o risco
- aja ou não; mas não "dê um jeito" ou procure um meio-termo.

O cirurgião que tira apenas metade das amígdalas ou metade do apêndice arrisca a mesma infecção ou choque que se tivesse feito o trabalho completo. Ele não curou o paciente; ao contrário, tornou-o até pior. Ele opera ou não opera. Da mesma maneira, o tomador de decisão eficaz age ou não. Não faz uma ação pela metade. Esta é a única coisa que está sempre errada, e o único meio que não satisfaz as especificações mínimas, as condições-limite mínimas.

A decisão, agora, está pronta para ser tomada. As especificações foram bem verificadas, as alternativas exploradas, os riscos e retornos devidamente pesados. Tudo é sabido. Na verdade, está sempre razoavelmente clara, agora, a linha de ação que deve ser seguida. Neste ponto, a decisão quase, realmente, "foi tomada por si mesma."

E é nesse ponto que a maioria das decisões são perdidas. Torna-se, repentinamente, óbvio que a decisão não vai ser agradável, popular nem fácil. Torna-se evidente que a decisão requer coragem, tanto quanto ponderação. Não há razão alguma para que os remédios tenham um gosto horrível – mas os eficazes normalmente têm. Assim como não há razão inerente por que sejam desagradáveis as decisões, mas o fato é que as mais eficazes o são.

Nesse ponto, há uma coisa que o gestor eficaz não deve fazer. Ele não pode render-se ao grito: "Vamos fazer outro estudo". Este é o caminho do covarde – e tudo o que o covarde consegue é morrer mil vezes, enquanto os bravos só morrem uma. Quando tem de enfrentar o pedido de "outro estudo", o gestor eficaz pergunta: "Há alguma razão para crer que o estudo adicional produzirá algo novo? E há alguma razão para crer que o novo venha a ser relevante?", Se a resposta for "não" – e normalmente é –, o gestor eficaz não permite outro estudo. Ele não faz as boas pessoas perderem tempo para encobrir sua própria indecisão.

Ao mesmo tempo, ele não se apressará para uma decisão, a não ser que esteja certo de que a compreende. Como qualquer adulto razoavelmente experimentado, aprendeu a prestar atenção ao que Sócrates chamou de seu "demônio": a voz interior, em alguma parte dos intestinos, que segreda: "Cuidado". Só porque alguma coisa é difícil, desagradável ou assustadora não há razão para que não seja feita, se for certa. Contudo, recuamos – nem que seja por um momento – se nos sentimos mal, perturbados, incomodados sem saber bem por quê. "Sempre paro quando as coisas parecem fora de foco", é o modo pelo qual encara a situação um dos melhores tomadores de decisão que conheço.

Nove vezes em dez, o mal-estar se apresenta por causa de algum detalhe sem importância. Mas, na décima vez, verificamos, de repente, que deixamos de observar o fator mais importante do problema, cometemos um disparate elementar, ou um mau julgamento em geral. Na décima vez, acordamos repentinamente à noite e constatamos – como o Sherlock Holmes da famosa história – que a "coisa mais significativa é que o cão dos Baskerville não latiu".

Mas o tomador de decisão eficaz não espera muito – alguns dias, no máximo algumas semanas. Se o "demônio" não fala, então, age com velocidade e energia, goste ou não.

Os gestores não são pagos para fazer as coisas de que gostam, mas, sim, para fazer que as coisas certas sejam feitas – a maioria delas em sua tarefa específica, a tomada de decisões eficazes.

A TOMADA DE DECISÃO E O COMPUTADOR

Isso tudo se aplica ao presente, agora que temos o computador? Pelo que nos dizem, o computador substituirá o tomador de decisões, pelo menos na média gerência. Tomará, em poucos anos, todas as decisões operacionais – e muito breve, depois disso, encarregar-se-á também das decisões estratégicas.

Na realidade, o computador forçará os gestores a tomar verdadeiras decisões em casos que, hoje, são feitas, na maior parte das vezes, adaptações de emergência. Transformará muitas pessoas que tradicionalmente têm reagido em vez de agido em verdadeiros gestores e tomadores de decisões.

O computador é um auxiliar potente para o gestor. Como o martelo ou o alicate – mas não como a roda e a serra –, ele não pode fazer nada que o homem não possa. Mas pode fazer um trabalho humano – soma e subtração – infinitamente mais depressa que o homem. Sendo um instrumento, não se aborrece, não se cansa, não cobra horas extras. Como todos os instrumentos que fazem melhor algo que o homem pode fazer, o computador multiplica a capacidade do homem (outros instrumentos, tais como a roda, o avião ou o aparelho de TV, que fazem coisas que o homem não pode fazer em absoluto, acrescentam uma nova dimensão ao homem, isto é, ampliam sua natureza). Em contrapartida, como todos os instrumentos, o computador só pode fazer uma ou duas coisas; tem estreitas limitações. Essas limitações do computador nos forçarão a tomar verdadeiras decisões quando, hoje, o que se faz é a adaptação *ad hoc*.

A força do computador reside no fato de ser uma máquina lógica. Faz exatamente o que está programado para ser feito. Isso o torna rápido e preciso, mas, também, o torna um completo imbecil, porque a lógica é essencialmente estúpida. A máquina faz o simples e o óbvio; em contraste, o ser humano não é lógico, é perceptivo. Isso significa que é lento e negligente, mas também é brilhante e tem discernimento. O ser humano pode adaptar-se; isto é, pode deduzir, com pouca ou mesmo nenhuma informação, o que deve ser o quadro total. Pode lembrar-se de muitas coisas que ninguém programou.

- Um ramo simples e comum em que o gestor típico tradicional age por meio de adaptação no local é a decisão corriqueira de estocagem e distribuição. O típico gestor regional de vendas sabe, embora na maioria das vezes sem precisão, que o consumidor *A* normalmente dirige sua fábrica dentro de um programa apertado e ficaria em séria dificuldade se uma entrega prometida não chegasse em tempo. Sabe também que o consumidor *B* normalmente tem estoques adequados de material e suprimentos e poderá, presumivelmente, se arranjar por alguns dias mesmo que uma entrega se atrase. Sabe que o consumidor *C* já está aborrecido com sua companhia e só está esperando um pretexto para fazer suas compras em outro fornecedor. Sabe ainda que poderá conseguir remessas adicionais de um determinado artigo, pedindo-as, como favor especial, a este ou àquele homem lá da fábrica matriz, e assim por diante. Tomando como base essas experiências, o típico gestor regional de vendas adapta-se e ajusta-se com o passar do tempo.

O computador não sabe nada disso. Pelo menos ainda não o sabe, até que lhe seja especificamente dito que esses são os fatos que determinam a conduta da companhia em relação ao consumidor *A* ou a respeito do produto *B*. Tudo o que pode fazer é reagir no modo que foi instruído e programado. Não toma mais "decisões" que uma régua de cálculo ou uma caixa registradora. Tudo o que pode fazer é computar.

No momento em que uma companhia tenta colocar o controle de estoque a cargo do computador, verifica que tem de estabelecer regras, tem de estabelecer uma *política* de estocagem. Tão logo ataque esse problema, vê que as decisões básicas em relação ao estoque não são, em absoluto, decisões de estoque: são decisões de negócio, altamente arriscadas. O estoque aparece como um meio de equilibrar riscos diferentes: o risco de desapontar as expectativas do consumidor em relação à entrega e ao serviço; o risco e custo de turbulência e instabilidade dos programas de fabricação; e o risco e custo de pôr dinheiro em mercadoria que pode estragar-se, tornar-se obsoleta, ou deteriorar-se de algum outro modo.

- Os chavões tradicionais não auxiliam muito. "Nosso objetivo é dar a 90% de nossos clientes 90% de satisfação das promessas de entrega" soa bastante preciso. Na realidade nada significa, como se verifica ao tentar transformar isso na lógica imbecil do passo a passo do computador. Significa que todos os nossos consumidores deverão esperar receber 9 em cada 10 pedidos que lhe prometermos entregar? Significa que todos os nossos clientes realmente bons terão satisfeitos todos os seus pedidos todas as vezes – e como é que vamos definir "um cliente realmente bom", afinal? Significa que pretendemos dar satisfação integral dessas promessas em todos os nossos produtos – ou apenas nos principais que, juntos, respondem pela maior parte de nossa produção? E que política, se for o caso, temos a respeito das centenas de produtos que não são principais para nós, embora talvez sejam importantes para o consumidor que nos pede um deles?

Cada uma dessas perguntas exige uma decisão arrriscada e, acima de tudo, uma decisão sobre princípios. Até que essas decisões sejam tomadas, o computador não pode controlar o estoque. São decisões de incerteza – e o que é relevante para elas poderia até não ser definido claramente para poder ser transformado para o computador.

Se pretendemos, portanto, que o computador – ou qualquer outro instrumento – mantenha as operações em um rumo certo ou que apresente reações predeterminadas a acontecimentos esperados (seja o aparecimento de mísseis nucleares inimigos no horizonte longínquo ou o de um óleo cru com conteúdo sulfúrico anormal em uma refinaria de petróleo), a decisão tem de ser antecipada e raciocinada sob todos os aspectos. Não pode mais ser improvisada. Não pode mais ser procurada no tato por meio de séries de pequenas adaptações, cada uma específica, aproximada ou, para empregar a terminologia dos físicos, uma "virtual", mas não real decisão. Tem de ser uma decisão sobre *princípios*.

- A causa disso não é o computador. O computador, sendo um instrumento, não é, provavelmente, a causa do que quer que seja. Apenas apresenta, em forte relevo, o que está acontecendo. Por isso, está sendo efetuada, há muito tempo, uma mudança da pequena adaptação para a decisão sobre princípios. Isso se tornou evidente, durante e depois da Segunda Guerra Mundial, na área militar. Exatamente porque as operações militares se tornaram tão vastas e interdependentes, necessitando, por exemplo, de sistemas logísticos que abarcam totalmente várias operações e todos os ramos das Forças Armadas, os comandantes de nível médio têm que saber, cada vez mais, o quadro de decisões estratégicas nas quais estão operando. Têm cada vez mais de tomar decisões reais, em vez de adaptar suas ordens aos acontecimentos locais. Os generais de segundo plano que surgiram como grandes homens da Segunda Guerra Mundial – um Rommel, um Bradley, um Zhukov – eram todos "de média gerência", que raciocinavam sob todos os aspectos de decisões genuínas, em lugar dos arrojados generais de cavalaria, os *beaux sabreurs* das guerras anteriores.

Em consequência, a tomada de decisões não pode mais ficar confinada ao pequeno grupo do alto. De um modo ou outro, quase todo trabalhador intelectual de uma organização terá de se tornar, ele próprio, um tomador de decisões ou de, no mínimo, ser capaz de executar um papel ativo, inteligente e autônomo no processo de tomada de decisão. O que, no passado, era uma função altamente especializada, executada por um órgão pequeno e de modo geral claramente definido – com o restante adaptando, com o molde do hábito e do uso – está, agora, tornando-se rapidamente uma função normal, se não diária, de cada simples unidade nessa nova instituição social, a grande organização baseada em conhecimento. A capacidade de tomar decisões eficazes determina cada vez mais a capacidade de cada trabalhador intelectual, pelo menos daqueles que estão em posições de responsabilidade, de ser eficaz, em geral.

■ Um bom exemplo da mudança para a decisão que as novas técnicas nos impõem é o muito discutido método PERT (*program evaluation and review technique*) que procura organizar um "mapa rodoviário" para as tarefas críticas em um programa altamente complexo, tal como o planejamento e a construção de um novo veículo espacial. O método PERT procura estabelecer o controle de tal programa, planejando cada parte do trabalho, sua sequência e os prazos a que cada parte deve obedecer, para que o programa total esteja pronto em tempo. Isso reduz violentamente a adaptação *ad hoc*. Em seu lugar, há decisões arriscadas. As primeiras vezes que as pessoas têm de trabalhar com um programa PERT erram, invariavelmente, em quase todos os seus julgamentos. Ainda tentam fazer, por adaptações *ad hoc*, o que apenas pode ser feito por meio de tomadas de decisões arriscadas sistemáticas.

O computador tem o mesmo impacto em decisões estratégicas. Não pode tomá-las, é lógico. Tudo o que pode fazer – e isso ainda é potencial e não real, até agora – é produzir as conclusões que se tiram de certas suposições feitas em relação a um futuro incerto, ou, inversamente, que suposições existem sob certas linhas de ação propostas. Novamente, tudo o que pode fazer é computar. Por essa razão, exige análise clara, especialmente das condições-limite que a decisão tem de satisfazer. E isso pede julgamento arriscado de alto nível.

Há outros problemas adicionais do computador para a tomada de decisão. Se usado apropriadamente, por exemplo, liberaria gestores do alto escalão de muitas preocupações com acontecimentos dentro da organização aos quais está condenado pela ausência ou retardamento de informação segura. Isso permitiria mais facilmente ao gestor ir ver pessoalmente no exterior, isto é, na única área em que a organização pode ter resultados.

O computador pode também modificar um dos erros típicos da tomada de decisão. Tradicionalmente, tendemos a nos enganar ao tratar situações genéricas como uma série de acontecimentos únicos. Tradicionalmente, tendemos a medicar sintomas. O computador, contudo, só pode operar com situações genéricas – é a única coisa que interessa à lógica. Daí, poderemos, muito bem, tender a errar no futuro ao tratar o excepcional, o único, como um sintoma do genérico.

- Esta tendência traz consigo as queixas de que estamos procurando substituir pelo computador o comprovado julgamento dos militares. Isso não pode ser considerado, levianamente, como resmungos dos generais. O ataque mais conveniente à tendência de padronizar as decisões militares foi feito pelo mais notável "cientista da administração", um civil, *Sir* Solly

Zuckermann, eminente biologista, que, como consultor científico do Ministério da Defesa Britânico, tomou parte importante no desenvolvimento da análise por computador e na pesquisa operacional.

O maior impacto do computador está em suas limitações, o que nos forçará, cada vez mais, a tomar decisões e, acima de tudo, a forçar os gestores de nível intermediário a passarem de operadores para gestores e tomadores de decisões.

Isso deveria ter acontecido de qualquer maneira. Uma das grandes forças de organizações tais como, por exemplo, a General Motors, entre as empresas, ou o Estado-Maior Alemão, entre os grupos militares, foi precisamente que estas, desde muito tempo, haviam organizado os acontecimentos operacionais como verdadeiras decisões.

Quanto mais cedo os gestores de nível operacional aprendam a tomar decisões como julgamentos genuínos, em situações de risco e incerteza, mais cedo teremos sobrepujado uma das fraquezas básicas da grande organização – a ausência de qualquer treinamento e teste para as altas posições de tomadores de decisão. Enquanto pudermos fazer face aos acontecimentos no nível operacional pela adaptação e não pelo raciocínio, pelo "sentimento" e não pelo conhecimento e pela análise, o pessoal operacional – no governo, na atividade militar ou no comércio – permanecerá sem treinamento, sem verificação e sem experimentação para quando, como executivo em alta posição, tiver de confrontar-se, pela primeira vez, com decisões estratégicas.

É evidente que o computador não tornará funcionários tomadores de decisões, assim como as réguas de cálculo não transformarão estudantes secundários em matemáticos. Contudo, o computador nos forçará a fazer uma distinção, logo de início, entre um funcionário e um tomador de decisões, em potencial; e permitirá a este – e talvez até o force – a aprender a tomar decisões objetivas e eficazes, porque, se ninguém fizer isso, e bem, o computador não computará.

Há, certamente, razões para que o aparecimento do computador tenha feito aparecer grande interesse no tomador de decisão, mas a razão não é por que o computador se "encarregará" da decisão; é que, com o computador realizando a computação, todo o pessoal da organização terá de aprender a ser gestor e a tomar decisões.

Conclusão: A Eficácia Deve Ser Aprendida

ESTE LIVRO SE APOIA EM DUAS PREMISSAS:

- A TAREFA DO GESTOR É SER EFICAZ
- A EFICÁCIA PODE SER APRENDIDA.

O GESTOR É PAGO PARA SER EFICAZ. ELE DEVE EFICÁCIA À ORGANIZAÇÃO PARA A QUAL TRABALHA. ENTÃO, O QUE DEVE UM GESTOR APRENDER E FAZER PARA MERECER SER GESTOR? TENTANDO RESPONDER ESTA PERGUNTA, ESTE LIVRO, EM SEU CONJUNTO, CONSIDEROU O DESEMPENHO ORGANIZACIONAL E A REALIZAÇÃO DO GESTOR COMO OBJETIVOS EM SI MESMOS.

A eficácia pode ser aprendida, é a segunda premissa. O livro, por isso, tentou apresentar as várias dimensões do desempenho do gestor em uma sequência tal que estimulasse o leitor a aprender, por si mesmo, como se tornar um gestor eficaz. Isso não é um livro de estudo, naturalmente – simplesmente porque, embora capaz de ser aprendida, a eficácia não pode ser ensinada. A eficácia não é, afinal, uma "matéria", mas uma autodisciplina. Por todo o livro, e implícita em sua estrutura e no modo pelo qual trata o assunto, está sempre a pergunta: "O que é que produz a eficácia em uma organização e em cada uma das áreas principais do dia e do trabalho de um gestor?". Raramente esta pergunta é feita: "Por que deve haver eficácia?". O objetivo da eficácia é considerado como perfeitamente conhecido.

Contudo, ao repassar os argumentos e a sequência destes capítulos e de suas conclusões, surge outro, e muito diferente aspecto da eficácia do gestor. A eficácia se revela crucial para:

- o autodesenvolvimento
- o desenvolvimento da organização
- a realização e a viabilidade da sociedade moderna.

1 ▪ O primeiro passo para a eficácia é uma providência: *registrar o emprego do tempo*. Isso é mecânico. O gestor nem mesmo precisa fazê-lo pessoalmente – é feito até melhor por uma secretária ou um assistente. Contudo, se for a única coisa feita pelo gestor, terá como fruto um melhoramento substancial. Os resultados serão rápidos, se não imediatos. Se realizado com alguma continuidade, o registro do próprio tempo impulsionará a pessoa em direção aos próximos passos para maior eficácia.

Não só a *análise do tempo do gestor* como a eliminação de causas de perda de tempo já necessitam de alguma ação – e algumas decisões. Exigem algumas mudanças no comportamento, nas relações e nas preocupações da pessoa. Estabelecem algumas questões em relação à importância relativa de diferentes usos de tempo, de diferentes atividades e de seus objetivos. Deveriam afetar o nível e a qualidade de uma parte do trabalho feito. No entanto, isso talvez possa ainda ser feito, acompanhando uma lista de verificação após alguns meses, isto é, seguindo um método. Ainda se refere apenas à eficácia na utilização de uma fonte escassa, a saber, o tempo.

2 ▪ O passo seguinte, porém, no qual o gestor é solicitado a *focar a sua contribuição* em uma visão que, avança do processual para o conceitual, da mecânica para a análise, da eficiência para a preocupação com resultados. Nessa fase, o gestor se disciplina em raciocinar sobre a razão pela qual está na folha de pagamento e na contribuição que tem de dar à organização. Não há nada muito complicado a respeito disso. As perguntas que o gestor faz a si mesmo sobre sua contribuição ainda são claras e mais ou menos esquemáticas, mas as respostas a essas perguntas poderão levar a grandes exigências a si mesmo, a pensar sobre seus objetivos e os da organização, a se preocupar com valores. Devem conduzir a exigências por padrões mais elevados. Acima de tudo, essas perguntas levam o gestor a assumir responsabilidade, em vez de agir como subordinado, satisfeito apenas por "satisfazer o patrão". Focando seu trabalho em uma contribuição mais elevada, o gestor, em outras palavras, tem de pensar em finalidade, e não mais apenas nos meios.

3 ▪ *Tornar os pontos fortes da pessoa em ação produtiva* é, fundamentalmente, uma atitude expressa em comportamento. É, basicamente, o respeito pela pessoa – a própria como a dos outros. É um sistema de valores em ação, e, novamente, "aprenda fazendo" e autodesenvolvimento por meio da prática. Tornando os pontos fortes produtivos, o gestor integra os objetivos individuais com as necessidades da organização, a capacidade individual com os resultados da organização, a realização individual com a oportunidade da organização.

4 ▪ O capítulo *Primeiro as Primeiras Coisas* serve de antífona para o anterior *Ele Conhece o seu Tempo*. Esses dois capítulos poderiam ser chamados de colunas gêmeas, entre as quais está suspensa a eficácia do gestor e sobre as quais repousa, mas o procedimento, aqui, não lida mais com um recurso, o tempo, mas com o produto final, o desempenho da organização e do gestor. O que está sendo registrado e analisado não é mais o que acontece conosco, mas o que deveríamos ter tentado fazer acontecer no ambiente que nos cerca. O que está sendo desenvolvido aqui não é informação, mas caráter, visão, autoconfiança, coragem. O que está sendo desenvolvido aqui, em outras palavras, é liderança – não a liderança do brilhantismo e da genialidade, certamente, mas a muito mais modesta, contudo mais duradoura, liderança da dedicação, da determinação e de propósitos sérios.

5 ▪ A *decisão eficaz*, que é discutida nos últimos capítulos, diz respeito à ação racional. Não há mais um amplo e caminho perfeitamente marcado pelo qual o gestor só tem de andar para conseguir eficácia. Mais ainda há marcos bem claros para orientação e indicação de como ir de um deles para o seguinte. Não está claramente dito como o gestor, por exemplo, deve seguir da identificação de um padrão de acontecimentos como um problema genérico para o estabelecimento das condições-limite que a decisão tem de satisfazer. Isso só pode ser feito de acordo com a situação específica encontrada, mas estará bastante claro o que é preciso fazer em que sequência. Espera-se que o gestor, segundo esses marcos, possa desenvolver-se e treinar-se em fazer julgamentos responsáveis. A tomada de decisões eficazes exige não só procedimento como análise; mas sua essência é uma ética de ação.

Para o autodesenvolvimento de um gestor há muito mais que seu treinamento em eficácia. É necessário adquirir conhecimentos e habilidades. Terá de aprender muitos novos bons hábitos de trabalho ao longo de sua carreira, assim como, ocasionalmente, terá de desaprender muitos velhos hábitos de trabalho. Mas conhecimento, habilidades e hábitos, por mais que se adquiram, darão muito pouco ao gestor, a não ser que ele desenvolva sua própria eficácia.

Não há nada a exaltar quanto a um gestor eficaz. Ele apenas realiza seu trabalho, como milhares de outros. Não há muito perigo de que alguém queira comparar este ensaio sobre o auto-aprendizado para ser um gestor eficaz com, digamos, o grande tratado de auto-desenvolvimento de Kierkegaard, *Training in Christianity* (Escola do Cristianismo). Há, certamente, objetivos muito mais elevados na vida de uma pessoa do que se tornar um gestor eficaz, mas justamente por que o objetivo é tão modesto é que podemos esperar atingi-lo; isto é, ter o grande número de gestores eficazes que a sociedade e as organizações modernas necessitam. Se precisássemos de santos, poetas, ou até mesmo de eruditos de primeira classe para ocupar nossas posições intelectuais, a organização de grande porte seria simplesmente absurda e impossível. As necessidades dessa organização têm que ser satisfeitas com pessoas comuns, realizando desempenhos incomuns. É isso o que o gestor eficaz tem de se tornar capaz de fazer. Embora esse objetivo seja modesto, capaz de ser realizado por qualquer um, se trabalhar para isso, o autodesenvolvimento de um gestor eficaz é um verdadeiro desenvolvimento da pessoa. Vai da mecânica a atitudes, valores e caráter, do procedimento ao comprometimento.

O autodesenvolvimento do gestor eficaz é fundamental para o desenvolvimento da organização, seja uma empresa, uma repartição governamental, um laboratório de pesquisas, um hospital ou qualquer força militar. É o caminho para o desempenho da organização. À proporção que os gestores procuram tornar-se eficazes, estão elevando o nível de desempenho de toda a organização. Eles elevam a visão das pessoas – dos outros e a sua própria.

Em consequência, a organização não se torna capaz apenas de fazer melhor – torna-se capaz de fazer coisas diferentes e de aspirar a objetivos diferentes. O desenvolvimento da eficácia do gestor será um desafio à direção, aos objetivos e à finalidade da organização. Eleva o "ego" de seu pessoal, da preocupação com problemas para uma visão de oportunidades, da observação da fraqueza para a exploração da força. Isso, por sua vez, onde quer que aconteça, torna a organização atraente para as pessoas de grande capacidade e aspiração e motiva as pessoas para um melhor desempenho e maior dedicação. As organizações não são mais eficazes porque contam com melhor pessoal; conta com melhor pessoal porque este é motivado para o autodesenvolvimento, por meio de seus padrões, seus hábitos, seu clima. E esses, por sua vez, são o resultado de um sistemático, focado e objetivo autotreinamento dos indivíduos para se tornarem gestores eficazes.

A sociedade moderna depende, para o seu funcionamento, quando não para sua própria sobrevivência, da eficácia de organização de grande porte, de seu desempenho e resultados, de seus valores, padrões e autoexigências.

O desempenho da organização tornou-se decisivo, muito além da esfera econômica ou mesmo da esfera social, por exemplo, na educação, nos cuidados médicos e no progresso do conhecimento. Cada vez mais, a organização de grande porte que interessa é a intelectual, que emprega trabalhadores intelectuais e utiliza, em grande número, homens e mulheres que têm de trabalhar como gestores, homens e mulheres que têm, em seu trabalho, de assumir responsabilidade pelos resultados do conjunto e que, pela natureza de seus trabalhos, e de seus conhecimentos, tomam decisões que provocam um impacto nos resultados e no desempenho do conjunto.

Não são comuns as organizações eficazes; são até mais raras que gestores eficazes. Há exemplos brilhantes, aqui e ali, mas, em geral, o desempenho das organizações ainda é primitivo. Enormes recursos são reunidos nas grandes empresas modernas, na grande repartição governamental moderna, no grande hospital e nas universidades modernas; contudo, em grande parte, o resultado é a mediocridade, o esfacelamento de esforços, o devotamento ao ontem ou a fuga à decisão e à ação. As organizações, como os gestores, precisam trabalhar sistematicamente na eficácia e adquirir o hábito da eficácia. Precisam aprender a insuflar suas oportunidades e esvaziar seus problemas. Têm que trabalhar para tornar a força produtiva. Precisam concentrar e estabelecer prioridades, em vez de tentar fazer um pouquinho de cada coisa.

A eficácia dos gestores é, certamente, um dos requisitos básicos para a eficácia da organização, e, em si, uma das mais importantes contribuições para o desenvolvimento da organização.

A eficácia dos gestores é nossa maior esperança para tornar a sociedade moderna produtiva e socialmente viável.

O trabalhador intelectual, como dissemos inúmeras vezes neste livro, está se tornando o mais importante recurso dos países desenvolvidos, o mais importante investimento; pois a educação é o investimento mais dispendioso de todos. Está se tornando o centro de maiores despesas. Tornar produtivo o trabalhador intelectual é a necessidade econômica específica de uma sociedade industrialmente desenvolvida. Em tal sociedade, o trabalhador manual não compete, em seu custo, com os trabalhadores manuais dos países subdesenvolvidos ou em desenvolvimento. Só a produtividade do trabalhador intelectual é que torna possível aos países desenvolvidos manterem seu alto padrão de vida, contra a competição das economias de baixo custo dos países em desenvolvimento.

Até o presente, porém, somente um superotimista poderia estar certo da produtividade do trabalhador intelectual nos países industrialmente desenvolvidos. A tremenda mudança do centro da gravidade da força de trabalho, de manual para intelectual, que está em processamento desde a Segunda Guerra Mundial ainda não demonstrou, confesso, resultados extraordinários. De modo algum, nem o aumento de produtividade nem o de lucratividade – os dois padrões de medida de resultados econômicos – mostrou acentuada aceleração. Apesar do mito que tem sido feito nos países industrialmente desenvolvidos desde a Segunda Guerra Mundial – e seu registro é impressionante – a tarefa de tornar produtivo o trabalhador intelectual ainda está por ser feita. A chave para ela é, certamente, a eficácia do gestor; porque o gestor é, ele próprio, o trabalhador intelectual decisivo. Seu nível, seus padrões, suas autoexigências determinam, em grande escala, a motivação, a direção, a dedicação dos outros trabalhadores intelectuais em seu redor.

Ainda mais importante é a necessidade social da eficácia do gestor. A coesão e a força de nossa sociedade dependem cada vez mais da integração das necessidades psicológicas e sociais do trabalhador intelectual com os objetivos da organização e da sociedade industrial.

O trabalhador intelectual não é, normalmente, abordado como uma questão econômica. É um trabalho bem pago. O trabalhador intelectual tem grande segurança de trabalho e seu próprio conhecimento lhe dá grande liberdade de movimentação, mas suas necessidades psicológicas e valores pessoais têm de ser satisfeitos em e por meio de seu trabalho e posição na organização. É considerado – e se considera – um profissional. Contudo, é um empregado e obedece a ordens. Atua em uma área intelectual; não obstante, tem de subordinar a autoridade do conhecimento aos objetivos da organização. Na área intelectual não há superiores nem subordinados, mas apenas mais velhos e mais moços. Contudo, organização pressupõe hierarquia. Na verdade, esses problemas não são novos. O Corpo de Oficiais das Forças Armadas e o Serviço Público já os conhecem há longo tempo e aprenderam a resolvê-los, mas são problemas reais. O trabalhador intelectual não é propenso à pobreza. Está em perigo de alienação, para usar a palavra da moda, para o aborrecimento, a frustração e o desespero silencioso.

Assim como o conflito econômico entre as necessidades do trabalhador manual e as exigências de uma economia em expansão era o problema social do século 19 nos países em desenvolvimento, a posição, a função e a satisfação do trabalhador intelectual é a questão social nesses países, agora que eles estão desenvolvidos.

Não é um problema que desaparecerá se lhe negarmos a existência. Asseverar (como fazem, em seus próprios modos, tanto os economistas ortodoxos como os marxistas) que só existe a "realidade objetiva" do desempenho econômico e social não fará desaparecer o problema; tampouco o novo romantismo dos psicólogos sociais (isto é, o professor Chris Argyris, de Yale) que, muito corretamente, mostrou que os objetivos da organização não são, automaticamente, satisfação pessoal, e daí conclui que é melhor tirá-los do caminho. Temos de satisfazer a *ambos*, às necessidades objetivas da sociedade de desempenho de organização pela organização e às necessidades pessoais de realização e satisfação.

O autodesenvolvimento do gestor para a eficácia é o único elemento integrador disponível – e o único modo pelo qual os objetivos da organização e as necessidades individuais podem chegar juntos. O gestor que procura tornar a força produtiva – a sua própria, bem como as dos outros – está trabalhando para tornar o desempenho organizacional compatível com a realização pessoal. Ele procura tornar sua ação intelectual uma oportunidade organizacional, e, focando na contribuição elevada, torna seus próprios valores resultados da organização.

O trabalhador manual, assim pelo menos se pensava no século 19, só tinha objetivos econômicos e ficava satisfeito com prêmios econômicos; isso, como o demonstrou a escola de "relações humanas", estava longe da verdade. Cessou de ser verdadeiro, certamente, quando o pagamento ultrapassou o nível da subsistência. O trabalhador intelectual exige recompensas econômicas também. Sua ausência é um dissuasor; mas sua presença não é suficiente. Precisa de oportunidade, realização, satisfação, valores. Só se tornando um gestor eficaz é que o trabalhador intelectual obtém essas satisfações. Só a eficácia dos gestores permitirá a essa nossa sociedade harmonizar suas duas necessidades: as da organização, de obter do indivíduo a contribuição que necessita, e a do indivíduo, de se servir da organização como instrumento para a realização de suas próprias finalidades.

A eficácia *deve* ser aprendida.

Índice Alfabético

■ A

Ação(ões), 6
– plano de, 5
– produtiva, tornar os pontos fortes das pessoas em, 199
Acompanhamento satisfatório, 131
Adaptação *ad hoc*, 190, 193
Administração
– científica, 52
– defeitos de, que causam perda de tempo, 66
Administradores gestores, 21
Alocação dos funcionários, 10
"Alta administração", 74
"Aprenda fazendo", 199
Argyris, Chris, 37
Atividade produtiva, 52
Auto-obsoletismo, 151
Autodesenvolvimento, 8, 86, 198
– de um gestor, 200
– em escala, 90
– por meio da prática, 199
Autodisciplina, 12
Autoexigências, 202
Avaliação(ões), 107, 109
– de desempenho, 109

■ B

Base de força, gestores eficazes constroem com, 40

■ C

Caráter, 110
Cargo(s)
– exigente e grande, 103
– "impossível de se preencher", 102
– para se adaptarem às personalidades disponíveis, 99

207

Carnegie, Andrew, 95

"Centros de lucro", 29

Chefe, como é que administro meu, 116

Chefia(s)

– ônus da, 12

– reunião de, 12

"Cientistas", 83

Computador

– tomada de decisão e o, 189

– uma máquina lógica, 33

Comunicabilidade, 86, 89

Comunicação, responsabilidade pela, 9

Concentração, 125, 127

"Condições-limite", 151

Conflito de opiniões, 185

Conhecimento, 16

"Conjunto energético", 64

Consolidação do tempo discricionário, 66

Contribuição

– externa, 40

– – do gestor, 78

– foco na, 74, 75, 86

– – conduz à comunicabilidade, 88

Contribuir, com que posso, 73-92

Controle sistemático do tempo, 53

Controller financeiro, 4

Cooperação, 63

Criatividade, 133

Crise

– do balanço anual, 59

– periódica, 59, 60

▨ D

Dado(s)

– necessários, como obter, 2

– quantitativos, 31

Decisão(ões)

– cruciais a respeito de "pessoas", 86

– eficazes, 173-196, 200

– elementos do processo para, 151

– estratégicas, 189

– inoperante, 180

– responsabilidade por suas, 6

– revisar, 7, 8

– ruim, 7

– sobre princípios, 192

– tomada de, 6

– – boas, 8

– – dois casos, 142

– – elementos da, 141-172

Déficit de tempo, 126

Delegação, 55, 56

Demanda(s)

– de seu tempo pela organização, 44

– de tempo

– – ao trabalhador intelectual, 51

– – improdutivas e desnecessárias, 57

Descentralização de Sloan, 151

Descentralização, 170

Desempenho, 100

– avaliação de, 109

– da organização, 47, 202

– do conjunto, 202

– medir o, 109

– teste de, 112

Desenvolvimento

– da organização, 198

– dos outros, 86

Diagnóstico do tempo, 52

Divergência, 178

– argumentada e disciplinada, 183

E

Eficácia
– deve ser aprendida, 197-205
– é uma disciplina, 14
– pode ser aprendida, 15-40
– promessa de, 34
– uma tecnologia específica, 16
Eficaz, tornar a si mesmo, 119
Eficiência, 16
"Emprego permanente", 113
Empresa, filosofia da, 3
Erros e preconceitos, 4
"Esboço zero", 46
Escalonamento de seres humanos,
    35
Especialista, como tornar eficaz o, 82
Esquecer o passado, 129
Esquecimento sistemático do antigo, 133
Estabelecimento bem dirigido, 60
Estabilidade, 107
Estratégia de energia, 64
Excesso
– de gente, desculpa para, 62
– de pessoal, 61
– de reuniões, 62
Executivos eficazes, 3

F

Fator de produção, 20
Filosofia da empresa, 3
Flexibilidade, 5
Fluxo dos acontecimentos, 27
Força
– como tornar produtiva a, 93-123
– produtiva, 113, 203
Funcionários, alocação dos, 10

G

"Generalista", 27
– definição significativa de um, 85
"Gênio universal", 96
Gestor(es)
– aprisionamento do, o próprio, 75
– autodesenvolvimento de um, 200
– bem-sucedidos, 38
– demandas do tempo do, 44
– dentro de uma organização, 28
– eficaz(es), 4
– – constroem com base na força, 40
– – focam na contribuição externa, 40
– – por que precisamos de, 16
– – sabem como empregar
    o tempo, 40
– – se concentra nas áreas em que produ-
    zirá resultados excelentes, 40
– – tomam decisões eficazes, 40
– em "funcionamento", 26
– "exigente", 97
– "homem para qualquer situação", 34
– parte de uma organização, 29
– quem é o, 20
– realidade do, 25
– tempo do, 26

H

Habilidade humana, 35
"Homem completo", 95, 96
"Homem indispensável", 111
Humanidade, ferramenta para todos os
    fins, 126

I

"Identifique-se com grupos", 38

210

Imaginação, 16
Informação(ões)
– dada de maneira errada, 65
– mau funcionamento da, 65
– organizações se mantêm coesas graças
  à, 9
– tecnologia da, 31
Inovação, 52
Insight, 16
Integrar, 24
Integridade, 110
Intelectual, 83
Inteligência, 16
"Interações", tempo gasto com, 49

■ J

Joint venture, 6
Julgamentos responsáveis, 200
Julgar, 24

■ L

Lee, Robert E., 95
Lei(s)
– da Guerra da Competição, 38
– de conservação
– – de energia, 51
– – do tempo, 51
"Leigos", 83
Líder, 38
Liderança, 200
Lucratividade, 203

■ M

Má organização, 62
– provocadora de perdas de
  tempo, 63

Mau funcionamento da informação, 65
Mediocridade, 98
"Menos pouco indicado", 98
Método(s)
– industriais, 52
– PERT (*program evaluation and review
  technique*), 193
Mobilidade, 105
Moralidade, 157
Motivação, 19
Motivar, 34
Mudança qualitativa, 32
"Mulher total", 95

■ N

Não tolerância, 7
New Deal, 2
Nós, pense e diga, 13

■ O

Oito práticas/habilidades, 2
Oportunidade(s)
– alimentam-se as, enfraquece-se o problema, 122
– assegurar que os problemas
  sobrepujem as, 10
– foco nas, como manter, 9
– produz resultados, 9
Organização(ões)
– bem dirigida, 61
– bem montada, 61
– demandas de seu tempo pela, 44
– desempenho da, 47, 202
– desenvolvimento da, 198
– diferenças de temperamento e de personalidade em uma, 100

- dotadas de conhecimento, 18
- "insípida", 61

Organizar, 24
- para fortalecer, 94

Ouça primeiro, fale depois, 14

P

Padrões, 202

Perfeição humana, 96

Período de trabalho diário, programar um, 69

Personalidade eficaz, 37

"Personalidade madura", 95, 96

Pesquisador operacional, 35

Pessoa(s)
- "boas para tudo", 95
- em ação produtiva, tornar os pontos fortes da, 199

Planejar, 24

Plano
- de ação, como escrever um, 5
- de recuperação econômica, 162
- Marshall, 2

Plausibilidade, 157

Ponto(s)
- de controle dos resultados, 5
- médio da duração do plano, 5

Posições importantes, 7

Potencial, 109

"Predestinados", 17

Primeiro as primeiras coisas, 125-139

Princípio da "amplitude de controle", 48

Prioridades, 3
- e posterioridades, 134

Produção
- fator de, 20

- qualidade de, 16
- quantidade de, 16

Produtividade, 203

"Pragmatismo", 154

Promessa de eficácia, 34

Q

Quantum de tempo, 126

"Quase certo" e "provavelmente errado", escolha entre, 173

R

Realidade objetiva, 205

Realização, 100

Registro de tempo, 53

Relações humanas corretas, 85

"Relógio biológico", 43

Retorno monetário, 4

Reunião(ões)
- de chefias, 12
- eficaz, 91
- em demasia, 63
- para apresentação de um relatório, 12
- para fazer um comunicado, 12
- para preparar uma declaração, 12
- produtiva(s)
- - como tornar, 11
- - regras para tornar uma, 91
- tipos diferentes exigem preparativos diferentes, 11

S

"Satisfazer o patrão", 199

Ser humano eficaz, 91

212

Sistema de medidas e testes para o trabalho manual, 18
Sistemática, 59
Sloan Jr., Alfred P., 49
Sloan, Alfred, 13
Sociedade moderna, realização e a viabilidade da, 198
Spellman, cardeal, 11
Supervisores, 21

■ T

Talento(s)
— inatos, 14
— para pessoas, 85
Tarefa prioritária inicial, 3
Tecnologia da informação, 31
Tempo, 5
— "arbitrário", 42
— consumidoras de, 46
— controlar seu, o homem não é bem dotado para, 43
— controle sistemático do, 53
— déficit de, 126
— diagnóstico do, 52
— discricionário, consolidação do, 66
— do gestor
— — análise do, 198
— — demandas do, 44
— ele conhece o seu, 41-71
— emprego do, registrar o, 198
— empresas desperdiçadoras de, 6
— fator limitante, 42
— perdas de, 45
— — cortar as causas de, 59
— — identificar as, 59
— perdedoras, 46
— perdido, 53
— suprimento do, 42

— uso improdutivo e inútil do, 44
— utilizado, 53
Tendenciosidades, 8
Teorema da "amplitude de controle", 48
Teste de desempenho, 112
"Tipo ideal", 104
"Tolerância à frustração", 38
Tomada de decisão, 6
— computador e a, 189
— dois casos, 142
— elementos da, 141-172
Tomador de decisões eficazes, 154
Trabalhador(es)
— do conhecimento, 19
— intelectual, 47
— manual, 16
Trabalho
— em equipe, 86
— intelectual, 18
— manual, 18
Transformação da decisão em ação, 165

■ V

Vail, Theodore, 142
Valores, 202
Variação, 52
"Vencedores", 49
Vieses, 8

■ W

Welch, Jack, 3

■ Z

Zuckermann, Solly, 194